Karin Ackermann-Stoletzky

Seelsorge am Küchentisch

Wie wir einander durchs Leben helfen können

W0053419

scm R.Brockhaus

Die zitierten Bibeltexte ohne Quellenangabe entstammen der Lutherbibel,
revidierter Text 1984, durchgesehene Ausgabe in neuer Rechtschreibung,
© 1999 Deutsche Bibelgesellschaft, Stuttgart
Die übrigen Bibelverse sind entnommen aus: Gute Nachricht Bibel,
revidierte Fassung, durchgesehene Ausgabe in neuer Rechtschreibung
© 2000 Deutsche Bibelgesellschaft, Stuttgart (GN)
Die Bibel mit Erklärungen von Hans Bruns,
© 2005 Brunnen-Verlag, Gießen (Bruns)

Das Bonhoeffer-Zitat auf S. 100
stammt aus *Widerstand und Ergebung*
© *by* Gütersloher Verlagshaus,
in der Verlagsgruppe Random House GmbH, München.

Textauszug S. 14 aus Michael Ende, *Momo,*
© 1973 by Thienemann Verlag
(Thienemann Verlag GmbH, Stuttgart - Wien

An diesem Band haben viele mitgearbeitet, ihre Geschichten erzählt und aus
ihrem Leben berichtet. Namen wurden zum Teil geändert.
Danke für die Mitarbeit.

© 2008 R. Brockhaus Verlag
im SCM-Verlag GmbH & Co. KG, Witten
Umschlaggestaltung: krausswerbeagentur.de
Satz: Christoph Möller, Hattingen
Druck: CPI – Ebner & Spiegel, Ulm
ISBN 978-3-417-26236-0
Best.-Nr. 226.236

Inhalt

Wir wollen Orte schaffen helfen, von denen der helle Schein der Hoffnung in die Dunkelheit der Erde fällt.

Friedrich von Bodelschwingh

Kapitel 1

Seelsorge: dem Nächsten begegnen

Miteinander füreinander

Ich habe schon viele Formen der Seelsorge erlebt: bei Lebensberatern, an Küchentischen und auf Gartenbänken, in Autos oder bei Spaziergängen, ganz praktisch, wenn ein Mensch den anderen unterstützt, durch Trost, Gebet und Ermutigung, durch eine klare, ehrliche Rückmeldung, im Gottesdienst und im Hauskreis ... Und so soll es auch sein: Wir Christen sind eigentlich dazu herausgefordert, ein offenes Ohr und ein offenes Auge für unsere Mitmenschen zu haben.

An vielen kleinen oder großen Klippen des Lebens war jemand für mich da. Wenn ich zurückblicke, tauchen vor meinem inneren Auge Menschen auf, die mich begleitet, ermutigt, getröstet oder herausgefordert haben: Marita zum Beispiel, die mir, dem schüchternen Kind, das ich einmal war, half, Begabungen in sich zu entdecken. Sie war meine erste »Mentorin« und lebte mir vor, dass Gott ein Gott der Liebe ist; in Vielem war sie mein Vorbild. Da waren auch Ruth und Walter, bei denen ich als Teenager jedes zweite Wochenende verbrachte und die mir ihre Familie öffneten. Eine andere wichtige Person war Burghard, der mein Denken herausforderte, mich in der Jugendstunde an Themen heranführte, zu denen ich als Hauptschülerin sonst sicher niemals einen Zugang gefunden hätte, der mir »die Freiheit eines Christenmenschen« nahebrachte und mich ermutigte, meine ersten Geschichten an eine Zeitschrift zu schicken. Schwester Ilse lebte mir vor, wie gute Leitung aussieht, und förderte und forderte mich. Willy half mir mit seiner Weisheit mehr als einmal, meine krausen Gedanken zu reflektieren. Hannelore, Magret und Carola waren und sind immer für mich da, wenn ich sie brauche. Schließlich ist da mein Ehemann, Cyrill, der mich herausfordert und dem ich es verdanke, einen ganz neuen Zugang zur Schöpfung gefunden zu haben ... Sie alle und noch viel mehr Menschen haben »für meine Seele gesorgt«, ohne dass sie sich vielleicht darüber bewusst waren. Bis auf Willy hat sich wohl niemand von ihnen in diesen Augenblicken als »Seelsorger« verstanden – aber sie waren es.

Es gibt viel zu viele Lasten zu tragen, viel zu viele Gelegenheiten, bei denen wir einander im Namen Jesu helfen können, als dass dies zum Beispiel der Pastor allein bewältigen könnte. Wo der Seelsorgedienst nur an ihm oder an psychologisch versierten Therapeuten hängen bleibt, schöpft die Gemeinde in seelsorgerlicher Hinsicht nicht alle Möglichkeiten aus. Biblische Seelsorge in ihrer großen Vielfalt lebt davon, dass viele von Gott begabte Menschen bereit sind, sich der großen Herausforderung zu stellen, auf der Basis ihres Glaubens auch anderen Menschen Glaubens- und Lebenshilfe zu geben. Dabei kann und muss nicht jeder alles machen, aber sicherlich haben wir alle in unterschiedlichen Bereichen die Gabe, für die Seelen anderer zu sorgen. Ich nenne das »Alltagsseelsorge«.

Dies wird unter anderem in den »Einander-Worten« des Neuen Testaments deutlich. Sie alle beschreiben verschiedene Bausteine der Alltagsseelsorge:

- Respektiert einander! (Epheser 5,21, hier an Männer und Frauen gerichtet: *Ordnet euch einander unter, wie es die Ehrfurcht vor Christus verlangt!*; GN)
- Liebt einander! (1. Johannes 3,11: *Die Botschaft, die ihr von Anfang an gehört habt, lautet: Wir sollen einander lieben!*; GN)
- Achtet und ehrt einander! (Römer 12,10: *Liebt einander von Herzen als Brüder und Schwestern, und ehrt euch gegenseitig in zuvorkommender Weise;* GN)
- Achtet aufeinander und inspiriert einander zu guten Taten (Hebräer 10,24-25: *Und lasst uns aufeinander Acht haben und uns anreizen zur Liebe und zu guten Werken und nicht verlassen unsre Versammlungen, wie einige zu tun pflegen, sondern einander ermahnen*; GN)
- Nehmt einander an! (Römer 15,7: *Lasst einander also gelten und nehmt euch gegenseitig an, so wie Christus euch angenommen hat. Das dient zum Ruhm und zur Ehre Gottes;* GN)

- Bekennt einander die Sünden! (Jakobus 5,16a: *Überhaupt sollt ihr einander eure Verfehlungen bekennen und füreinander beten;* GN)
- Vergebt einander! (Epheser 4,32: *Seid freundlich und hilfsbereit zueinander und vergebt euch gegenseitig, was ihr einander angetan habt, so wie Gott euch durch Christus vergeben hat, was ihr ihm angetan habt;* GN)
- Ihr seid fähig einander zu ermahnen! (Römer 15,14: *Liebe Brüder und Schwestern, ich bin ganz sicher: Ihr seid von allem guten Willen erfüllt und seid euch voll bewusst, was Gott für euch getan hat. Darum könnt ihr euch auch selbst gegenseitig ermahnen;* GN)

Wir können füreinander da sein, voneinander lernen, einander zuhören. Wir können uns unterstützen, positiv konfrontieren, miteinander näher zu Gott kommen. Da ist Platz für jeden von uns – als Gebende und als Empfangende.

Zum Nachdenken:

Welche Menschen haben »für Ihre Seele gesorgt«?
Wer hat Ihren Glauben geprägt?
Wer hat Ihr Leben beeinflusst?
Wer braucht Sie?
Für wen sind Sie da?

Sorge für die Seele ist Sorge für den Menschen

Nach biblischer Überzeugung »hat« der Mensch nicht nur irgendwo eine Seele. Geist, Seele und Körper bilden eine Einheit. Seelsorge hat (mit den Worten des Theologen Paul Tillich gesprochen) etwas zu tun mit dem, was so oder so den Menschen »unbedingt angeht«.

Unser deutsches Wort »Seelsorge« hat eigentlich keinen christlichen Ursprung. Der griechische Philosoph Platon beispielsweise verstand seine Philosophie als Seelsorge. Er forderte die Menschen auf, sich nicht nur um Reichtum und Ehre, sondern sich auch »um ihre Seelen zu sorgen«. Für Plato war die Seele im Körper gefangen: »Der Körper ist das Grab der Seele. (...) Die Seele ist an ihren Körper gefesselt und mit ihm verwachsen, gezwungen, die Wirklichkeit durch den Körper zu sehen wie durch Gitterstäbe, anstatt durch ihre eigene ungehinderte Sicht.«

Der Körper wurde also mehr als Gefängnis gesehen, aus der die Seele befreit werden musste. Andere Denker bauten darauf auf und auch im christlichen Gedankengut wurzelte die Idee von der im Körper gefangenen Seele. Der Körper galt nicht selten als Ballast, dem man nicht zu viel Aufmerksamkeit schenken sollte.

In der Bibel gibt es das Wort »Seelsorge« so eigentlich nicht. Dort, wo es um die Seele geht, werden häufig Begriffe wie »Atem«, »Leben«, »Herz«, »Selbst«, »Person«, »Mitte« gebraucht. Im Alten Testament findet sich an den Stellen, wo Luther »Seele« übersetzte, oft das hebräische Wort »näfäsch«. Es bedeutet eigentlich »Kehle« oder »Lebendigkeit«. Der Mensch »hat« nach dieser Vorstellung keine Seele, er »ist« Seele. »Seele« ist zunächst die »Kehle«, der »Atem«, der einen lebendigen Organismus von einem toten unterscheidet. Das wird auch in einem der Schöpfungstexte deutlich. In 1. Mose 2,7 lesen wir in der Übersetzung Martin Luthers: *Also schuf Gott den Menschen, eine lebendige Seele.*

Die Seele ist von Gott. Sie ist demnach etwas Lebendiges und gleichzeitig, wie alles Erschaffene, etwas sich Entwickelndes und Werdendes, das auch von außen her beeinflussbar ist. Man kann Seelen »verbiegen« und »auf ihnen herumtrampeln«, man kann für sie sorgen. Der Mensch kann »Schaden nehmen an seiner Seele« (siehe Matthäus 16,26), aber auch an »Leib und Seele gesund werden«. Die Seele, so wie sie in der Bibel verstanden wird, ist demnach auch viel umfassender und nicht nur in Abgrenzung zum Körper zu sehen, wie in der platonischen Philosophie.

»Der Körper ist der Übersetzer der Seele ins Sichtbare.«
Christian Morgenstern

Wenn auch das Wort »Seelsorge« als direkter Begriff nicht in der Bibel vorkommt, ist das Thema an sich doch sehr stark vertreten. Jesus selbst ist das beste Vorbild dafür, was es bedeutet, Seelsorger zu sein: Die Not, Traurigkeit, Krankheit, der Schmerz und der Tod anderer Leute gingen ihn etwas an. Er sprach die Lebensprobleme der Menschen direkt an, förderte ihre Entwicklung und lebte vor, wie Gott ist. Wir als seine Nachfolger haben die Chance, von ihm zu lernen und uns gegenseitig zu stärken und zu trösten (siehe z. B. Apostelgeschichte 14,22; Römer 1,11f), barmherzig zu sein (siehe z. B. Lukas 9,36), uns zu »ermahnen« (also offen anzusprechen, wenn wir das Gefühl haben, jemand ist in der falschen Richtung unterwegs; siehe z. B. Römer 12,1.8; 2. Korinther 6,1) und uns gegenseitig »zurecht zu helfen« (siehe Galater 6,1). Speziell an die Gemeindeältesten werden unterschiedliche seelsorgerliche Erwartungen gestellt. In Jakobus 5,14ff zum Beispiel werden sie zum seelsorgerlichen Besuch bei den Kranken und Sterbenden in der Gemeinde aufgefordert; sie werden hier nicht als »Gemeindemanager« beschrieben, sondern als verantwortliche Leiter, die Anteil nehmen.

Sieht man also in die Apostelgeschichte, war die gegenseitige »Sorge für die Seelen« ein wichtiger Bestandteil des Gemeindelebens. Und dies wurde so deutlich nach außen hin sichtbar, dass andere Menschen über die Gemeindemitglieder sagten: »Die haben sich lieb.«

Obwohl also Seelsorge als Haltung und Verhalten von Anfang an ganz selbstverständlich vorhanden war, gibt es den Begriff der »Seelsorge« und das Amt eines Seelsorgers in der christlichen Kirche erst etwa ab dem 4. Jahrhundert nach Christus. Meist werden neue Strukturen geschaffen, wenn die alten nicht mehr tragen. Man kann also davon ausgehen, dass die anfängliche gegenseitige Hilfe und Sorge nicht mehr so selbstverständlich funktionierte und deshalb dieses Amt eingeführt werden musste.

Seelsorge ist Hilfe zum Glauben und Leben

*»Seelsorge kann im weitesten Sinne als Für-Sorge verstanden werden. Seelsorge an einem anderen meint **nicht** die Sorge und Hilfe »von oben herab« (»ohne mich schaffst du das eh nicht«), nicht die erniedrigende »Aktion Sorgenkind«, sondern **liebende** Sorge und Umsorgung.*
Seelsorge weiß, was für ein zartes, zerbrechliches, schönes und ganz eigenartiges Blümchen (und was für ein Abgrund!) jede Seele ist, aber auch, wie viel gegenseitiges Vertrauen dazu gehört, die eigene Seele berühren zu lassen.«

Heiner Stauff

Seelsorge ist also Hilfe zum Leben und Glauben. Wie unterscheidet sie sich dann aber von anderen Formen zwischenmenschlicher Hilfe? Wie schon beschrieben, ist Seelsorge eigentlich ein Alltagsgeschehen: Ein Seelsorger ist jeder, der mir wirklich zuhört, der mich achtungsvoll auf Fehler aufmerksam macht, der für und mit mir betet; der nicht übersieht, wenn es mir schlecht geht, der mich besucht, wenn ich alt oder krank werde, der mich aushält und begleitet, wenn mein Glaube wackelt. Ein solcher Mensch sorgt für meine Seele.

Seelsorge kann wie ein Alltagsgespräch erscheinen oder therapeutische Züge tragen, kann praktische Hilfe beinhalten, kann herausfordern oder fördern. Entscheidend ist, dass bei der christlichen Seelsorge der Glaube stets im Spiel ist – und zwar zunächst der Glaube des Seelsorgers, aber ebenfalls der mögliche Glaube des Gesprächspartners. Sie ist allerdings nicht nur ein Angebot für die Frommen. Es gehört gerade zum Wesen der Seelsorge, auch mit Menschen ins Gespräch zu kommen, denen die Beziehung zu Jesus im Moment nichts bedeutet und vielleicht nie etwas bedeutet hat.

Dabei kann es sogar sein, dass dieser Glaube eigentlich kaum zur Sprache kommt – das hängt ganz von der Gesprächssituation ab. Es gibt keine Verpflichtung zu »frommen Worten«, und ob ein Mensch einem anderen ein guter Seelsorger ist, kann man nicht daran messen, wie oft das Wort »Jesus« benutzt wird. Wichtiger ist es, dass der

Seelsorger in der Beziehung zu Gott wurzelt und dass Fragen des Glaubens jederzeit zur Sprache gebracht werden können.

Es gibt Lebenssituationen, die alleine kaum bis gar nicht zu ertragen sind, und hier sind wir als Christen und Menschen gefragt. In der Familie, im Freundeskreis, in der Nachbarschaft oder Gemeinde begegnen uns Fragen, Krisen, Anliegen und Nöte. Wir können darauf reagieren bei einem Gespräch im Türrahmen oder am Küchentisch, in einem Impuls, das Leben nicht einfach so vorbeiziehen zu lassen und auch die Beziehung zu Gott neu zu klären.

Meist brauchen wir nicht gleich »Profis« als Hilfe: Oft ist einfach ein offenes Ohr und ein offenes Auge gefragt für die Lasten der anderen und Unterstützung da, wo es nötig ist. Seelsorge bedeutet dann, den Menschen in seinem Alltag und seiner Entwicklung, in Krisen und Konflikten, in Krankheit und Trauer, in seinem Glauben und vielleicht auch Zweifeln zu begleiten. Wichtig ist sie auch an Wendepunkten des Lebens, etwa bei Geburt, Heirat oder Tod. In dem allen ist Seelsorge die lebensnahe und praktische Umsetzung des Glaubens. Die Begleitung von jemandem kann kurzfristig sein oder sich über einen längeren Zeitraum erstrecken. »Wo ein Mensch den andern sieht, nicht nur sich und seine Welt, fällt ein Tropfen von dem Regen, der aus Wüsten Gärten macht«, heißt es in einem Kirchenlied. Und über diese praktische »Bewässerungsarbeit« möchte ich mit Ihnen in diesem Buch nachdenken. Lassen Sie sich hineinnehmen in die Begegnung mit Menschen!

Kapitel 2

Zuhören: die wichtigste Kunst

Offene Ohren

Ein offenes Ohr im Alltag – das wünschen sich viele. Vielleicht können Sie sich einmal die Frage stellen: Bin ich ein Mensch, der zuhören kann? Menschen, die Zeit haben für andere, die zuhören können und die sich auf ihr Gegenüber einlassen, sind ungemein wichtig. Dabei geht es nicht immer um »schwere Probleme«. Einem Menschen zu begegnen, mit dem ich Gedanken teilen kann, dem ich mitteile, was mich gerade bewegt, ist ein großes Geschenk. So hat es auch Anne Martin erlebt:

Einen Schatz finden

Anne Martin

Irgendwo habe ich folgenden Satz gelesen: »Wenn du einen Menschen findest, der dir ganz und gar zuhört, mit ungeteilter Aufmerksamkeit, ohne in seinen Gedanken vor oder hinter dir zu sein, ohne dich zu belehren, und eifrig in dem Versuch, dich zu verstehen – dann hast du einen Schatz gefunden!« Ich möchte davon erzählen, wie ich einem solchen Schatz begegnet bin. Ich war 27 Jahre alt und es ging mir gar nicht gut. Überall schien es nur Baustellen zu geben: mein Glaube, mein Beruf, mein Liebesleben … Doch in meiner Gemeinde wusste niemand Bescheid und meine Freunde jeweils nur teilweise. Ich leitete den Kindergottesdienst und alle hielten mich für fröhlich und selbstbewusst, aber ich fühlte mich nicht so, ganz im Gegenteil. In unserer Gemeinde gibt es eine ältere Frau, die ich sehr mag. Sie ist eine warme Person, ruhig und hilfsbereit, aber sie gilt auch als etwas verschroben, weil sie mit sieben Katzen und zwei Hunden in einem alten, nicht allzu sauberen Häuschen lebt. Nach einem Gottesdienst sah ich sie mit ihrer Kaffeetasse etwas abseits in einer Ecke sitzen und setzte mich zu ihr. Nachdem wir etwas geplaudert hatten, sah sie mich prüfend an und fragte dann: »Und wie ergeht es dir, meine Liebe?«

»Gut!«, antwortete ich, »und dir?«

»Mir geht es im Moment wirklich gut«, antwortete sie, »ich hatte Schmerzen, aber die haben heute frei. Meine Tiere und ich sind gesund, ich habe einen ganz spannenden Gottesdienst erlebt und jetzt darf ich hier mit dir plaudern. Ich mag dich sehr gern, weißt du das eigentlich? Du bist ein Mensch mit einer so lebendigen Ausstrahlung – auch, wenn ich in den letzten Wochen das Gefühl hatte, als würde dich etwas belasten. Da freue ich mich, wenn du sagst, dass es dir gut geht.«

In diesem Augenblick kamen mir plötzlich die Tränen. Und sie sah mich an, setzte sich so, dass ich von den Blicken anderer besser abgeschirmt war und sagte: »Na, Kummer? Du musst mir nichts erzählen. Aber du darfst es natürlich, wenn du magst.«

An diesem Sonntag kam ich erst spät vom Gottesdienst nach Hause und seither gehe ich immer dann zu meiner älteren Freundin, wenn ich das Bedürfnis habe, zu reden. Sie macht uns einen Tee oder einen Kaffee (»Damit die Finger was zu tun haben und sich wärmen können!«) und hört mir zu: mit ihren Ohren, ihren Augen, ihrer ganzen Haltung und ihrem Herzen. Sie rät mir wenig, aber sie fragt nach: »Was fühlt sich richtig an? Wohin zieht es dich? Was möchtest du tun? Was würde Jesus tun?« Diese und viele andere Fragen helfen mir, mich selbst zu verstehen. Ich hoffe, dass ihre Art ansteckend ist, denn ich möchte auch immer mehr zu einer Frau werden, die wirklich zuhören kann.

Wir hören zwar immer, dieser Sinn ist stets wach, wie aber steht es um das bewusste Zuhören? Zuhören heißt Anteilnehmen im wörtlichen Sinn: Ich nehme die Teile, die mir mitgeteilt werden, an. Das hat aber vor allem mit echtem Interesse zu tun. Natürlich gibt es auch Techniken, die uns dabei helfen können, das Zuhören zu lernen. Aber wer sich und seine Aussage wichtiger nimmt als die Aussagen der Mitmenschen, wird trotz aller Methoden und Techniken noch kein guter Zuhörer sein. Das Beste ist es, sich auf natürliche Weise auf die

Worte seines Gegenübers zu konzentrieren – und nicht zu sehr auf die eigene »Zuhörfähigkeit«!

Was die kleine Momo konnte wie kein anderer, das war Zuhören. Das ist doch nichts Besonderes, wird nun vielleicht mancher Leser sagen, zuhören kann doch jeder.
Aber das ist ein Irrtum. Wirklich zuhören können nur ganz wenige Menschen. Und so wie Momo sich aufs Zuhören verstand, war es ganz und gar einmalig. Momo konnte so zuhören, dass dummen Leuten plötzlich sehr gescheite Gedanken kamen. Nicht etwa, weil sie etwas sagte oder fragte, was den anderen auf solche Gedanken brachte, nein, sie saß nur da und hörte einfach zu, mit aller Aufmerksamkeit und aller Anteilnahme. Dabei schaute sie den anderen mit ihren großen, dunklen Augen an, und der Betreffende fühlte, wie in ihm auf einmal Gedanken auftauchten, von denen er nie geahnt hatte, dass sie in ihm steckten.
Sie konnte so zuhören, dass ratlose oder unentschlossene Leute auf einmal ganz genau wussten, was sie wollten. Oder dass Schüchterne sich plötzlich frei und mutig fühlten. Oder dass Unglückliche und Bedrückte zuversichtlich und froh wurden. Und wenn jemand meinte, sein Leben sei ganz verfehlt und bedeutungslos und er selbst nur irgendeiner unter Millionen, einer, auf den es überhaupt nicht ankommt, und er ebenso schnell ersetzt werden kann wie ein kaputter Topf – und er ging hin und erzählte alles das der kleinen Momo, dann wurde ihm, noch während er redete, auf geheimnisvolle Weise klar, dass er sich gründlich irrte, dass es ihn, genauso wie er war, unter allen Menschen nur ein einziges Mal gab und dass er deshalb auf seine besondere Weise für die Welt wichtig war.
So konnte Momo zuhören!

aus Momo *von Michael Ende*

Zuhören ist Zuwendung

Zuhören ist Zuwendung – und zwar im übertragenen und im ganz konkreten Sinne. Wenn ich jemandem zuhöre, wende ich mich von allem anderen ab und widme mich ganz meinem Gegenüber. Oft führen wir Gespräche zwischen Tür und Angel oder wenn wir gleichzeitig mit etwas anderem beschäftigt sind: mit Fernsehen, Bügeln, unseren eigenen Gedanken … Das können wir so machen, wenn es nur um die Weitergabe von Informationen oder einen flüchtigen Kontakt geht. Aber echtes Zuhören braucht Zuwendung. Wenn ich richtig zuhöre, sieht man mir das an: meiner Körperhaltung, meinem Gesicht, meiner Blickrichtung. Ich unterbreche, was ich gerade tue, wende mich auch körperlich dem anderen zu, sehe ihn an, signalisiere: Jetzt bin ich auf dich konzentriert. In dieser äußeren Zuwendung zeige ich, dass mein Gegenüber wichtig für mich ist und nicht irgendetwas anderes. Man nennt das »ungeteilte Aufmerksamkeit«. Entwicklungspsychologen haben festgestellt, dass wir Menschen sehr deutlich unterscheiden können, ob uns »ungeteilte« oder »geteilte« Aufmerksamkeit geschenkt wird.

Im Folgenden stelle ich noch einmal den Unterschied zwischen bloßem Hören, Hinhören und wirklichem Zuhören dar:

Hören:

Wenn ich höre, ohne hinzuhören, bin ich eigentlich mehr mit meinen eigenen Gedanken oder mit äußeren Dingen beschäftigt als mit meinem Gesprächspartner. Ich höre nur oberflächlich zu oder habe das Ziel, einen Anknüpfungspunkt für mein eigenes Reden zu finden. Darum folge ich dem Gespräch nur oberflächlich.

Meine Aufmerksamkeit ist nicht unbedingt dem Gesprächspartner zugewandt, sondern den eigenen Gedanken, anderen Tätigkeiten oder der nächsten Gelegenheit, selbst zu Wort zu kommen.

Hinhören:

Wenn ich hinhöre, ohne wirklich zuzuhören, folge ich dem Gespräch zwar, aber ich bemühe mich nicht, herauszufinden, was der andere wirklich meint oder sagen will.

Ich bin zwar äußerlich nicht mit etwas anderem beschäftigt, verhalte und fühle mich aber unbeteiligt, distanziert und abwartend, kann mich auf mein Gegenüber noch nicht richtig einlassen.

Zuhören:

Wenn ich wirklich zuhöre, versuche ich, konzentriert hinzuhören, meinem Gesprächspartner meine volle Aufmerksamkeit zu schenken und dabei nicht nur auf die Worte, sondern auch auf Zwischentöne zu achten.

Meine ganze Haltung und meine Reaktion zeigen, dass es im Moment nichts Wichtigeres gibt, als dieses Gespräch und den Menschen, mit dem ich jetzt rede.

Merke dir, die wichtigste Zeit ist nur eine: der Augenblick. Nur über ihn haben wir Gewalt.
Der unentbehrlichste Mensch ist der, mit dem uns der Augenblick zusammenführt; denn niemand kann wissen, ob er noch je mit einem anderen zu tun haben wird.
Das wichtigste Werk ist, ihm Gutes zu erweisen, denn nur dazu ward der Mensch ins Leben gesandt.

Leo Tolstoi

Zuhören ist also Zuwendung, und es hat auch etwas mit Achtung vor dem anderen zu tun. Wer zuhört, konzentriert sich auf sein Gegenüber, nimmt den anderen wahr. Probieren Sie doch einmal einen Tag lang, was passiert, wenn sie den Menschen, denen Sie heute begegnen, ihre ungeteilte Aufmerksamkeit zukommen lassen: Ihren Kindern, Ihrem Partner, Ihren Kollegen und Kolleginnen, der Frau an der Kasse; wenn Sie also Ihrem Kollegen eine Akte nicht einfach wortlos herüberreichen, sondern ihn ansehen und sich in seine Richtung drehen, wenn die Kassiererin ein Danke und Augenkontakt von Ihnen bekommt, wenn Sie in die Gemeinde nicht mit gesenktem Blick gehen, sondern mit Offenheit für die Menschen, denen Sie dort begegnen. Das kann spannend werden. Übrigens: 20 Minuten ungeteilte Zuwendung pro Tag sind angeblich die beste Therapie, um Beziehungen gesund zu erhalten (und die 20 Minuten dürfen sogar noch in kleinere, aber intensive Begegnungen aufgeteilt werden!). Also, üben Sie, zuzuhören!

Bei Teens waren vor einiger Zeit Armbänder mit der Aufschrift »What would Jesus do?« groß in Mode. Sie sollten dazu dienen, den Träger im Laufe des Tages immer wieder daran zu erinnern, die eigenen Handlungen und Gedanken an dieser Frage zu messen. In der Bibel werden wir dazu aufgefordert, unser Gegenüber so zu behandeln, wie wir selbst behandelt werden möchten – ja, die anderen sogar noch höher zu achten als uns selbst.

Versuchen Sie es doch einmal mit dieser Übung: Fragen Sie sich selbst dreimal pro Tag: Habe ich die Menschen, die mir heute begegnet sind, achtungsvoll behandelt? Familien- und Gemeindemitglieder, Kollegen, Freunde, Partner, Kinder, Kunden ... Achtungsvoll bedeutet nicht: Ich mache, was der andere will, oder verhalte mich in irgendeiner Weise unterwürfig. Achtungsvoll bedeutet: Ich nehme mein Gegenüber wahr, versuche, es zu verstehen, unterstelle ihm keine bösen Ansichten und verhalte mich ihm gegenüber klar, offen und wohlwollend. Ich mache das deutlich, indem ich mich Menschen immer wieder bewusst zuwende: sie ansehe, ihnen zuhöre, meine Tätigkeiten kurz unterbreche.

Übung

Zuhörer lassen ihr Gegenüber aussprechen

Höre geduldig den an, der mit dir spricht, und beeile dich nicht, ihn zu unterbrechen. Man fängt keine Unterhaltung mit Antworten an.

Aus Tausend und eine Nacht

Die Flucht ergriffen ...

selbst erlebt

Als junge Christin hatte ich eine Menge Probleme mit der »Heilsgewissheit«. Ich war mir nicht sicher, ob ich in jedem Augenblick meines Lebens nah genug bei Gott sein würde, um »gerettet« zu sein. Was würde geschehen, wenn der jüngste Tag gerade in dem Augenblick anbräche, in dem ich irgendetwas angestellt und noch nicht bereut hatte? Mein Horrorszenario war die Entrückung: Ich stellte mir vor, wie ich sonntags vor der verschlossenen Gemeinde stehen würde, weil alle anderen Gemeindemitglieder von Jesus mitgenommen worden waren, nur ich nicht. (Verrückterweise war in meiner Vorstellung eines der größeren Probleme, wie ich das den anderen Menschen erklären sollte, die mich ja alle für eine Christin hielten und sich sicher wundern würden, dass ich noch da war.) In meiner Not sprach ich mit verschiedenen anderen Christen, aber das Ergebnis war bestenfalls eine kurze Beruhigung und nicht das Ende meiner Angst.

Dann hörte ich, dass in der Nähe ein berühmter amerikanischer Evangelist genau über mein Thema sprechen würde: »Wie finde ich zur Gewissheit des Heils?« Voller Hoffnung besuchte ich seine Veranstaltung und meldete mich hinterher zu einem persönlichen Gespräch. Dieses verlief in etwa so: Der Prediger fragte mich, ob ich die Gewissheit des Heils nun erlangt hätte. Als ich verneinte und erklären wollte, wo meine Probleme lagen, unterbrach er mich sofort, um folgende Fragen zu stellen:

»Hast du dich für Jesus entschieden?«

»Ja, aber ...«

»Gut. War diese Entscheidung wahr und echt?«

»Äh, ich glaube schon …«

»Ja oder nein?«

»Eher ja.«

»Glaubst du, dass Jesus stark genug ist, dich von allem Übel zu befreien?«

»Ja, aber …«

»Also hast du nun die Gewissheit des Heils.«

»Äh, nein …«

Dieses Frage- und Antwortspiel wiederholten wir mehrmals, bis ich aufgab und vor lauter Verzweiflung sagte: »Ja, jetzt habe ich sie, die Gewissheit, danke sehr!«, und die Flucht ergriff. Es dauerte mehrere Jahre, bis ich über dieses Thema wieder mit einem anderen, älteren Christen redete. Dieses Gespräch verlief ganz anders. Zu Anfang bat er mich, still für mich zu beten und dann mit ihm einige Zeit mit geschlossenen Augen einfach nur zur Ruhe zu kommen. Dann betete er etwa so: »Lieber Vater, du siehst uns ins Herz. Danke, dass du der Dritte hier in diesem Gespräch bist. Danke, dass du Karins Fragen und auch die Antworten darauf kennst. Danke, dass du uns so lieb hast, dass dir so viel daran liegt, uns zu helfen.« Und dann begann er unser Gespräch mit dem Satz: »So, jetzt höre ich dir zu. Erzähl mir, was dir auf dem Herzen liegt.« Seine Fragen führten mich immer weiter und tiefer. Er fragte zum Beispiel nicht nur: »Hast du dich für Jesus entschieden?«, sondern auch: »In welcher Situation? Was hast du gedacht, was hast du gefühlt? Was magst du an Jesus, was macht dir Angst?«

Er hat mir sehr lange und intensiv zugehört, gute Fragen gestellt und mir Zeit für die Antworten gelassen. Und dann sagte er etwas, was mich tief traf: »Karin, ich glaube, du zweifelst sehr an dir selbst. An deiner Treue, deiner Glaubenstiefe, deiner Ehrlichkeit. Gott weiß das. Und er hat dich auch so lieb. Karin, du glaubst, dass du alles richtig machen musst, um gerettet zu werden. Da hast du ein schiefes Bild von Gott! Stell dir vor, du fällst von einem Schiff und jemand wirft dir einen Rettungsring zu. Und dann ruft er: ›Ich halte das Seil hier aber nur solange fest, wie du keinen Fehler machst! Und ich sage dir noch nicht einmal genau, was denn *ein Fehler wäre.' So ist Gott nicht! Als wir Menschen aus dem Boot gefallen sind, da hat er keinen Rettungsring geworfen, nein, er ist selbst gesprungen! Du bist in Gottes Arm, jetzt musst du alles ihm überlassen. Er weiß, wie er dich retten kann, da kennt er sich wirklich aus! Du darfst ihm da vertrauen. Und wenn deine Angst hochkommt (und das wird sie immer wieder, sie hört nicht einfach so auf), dann sag zu Jesus: ,Rette du mich, ich krieg das nicht hin!'*

Dieses Gespräch und besonders die Art, mir genau zuzuhören und mich aussprechen zu lassen, hat mir sehr geholfen.«

Auch wenn man manchmal das Gefühl hat, man wüsste schon, was der andere sagen will: Ich weiß es erst, wenn ich es gehört habe. Und selbst dieses Wissen ist begrenzt, denn ich höre nur die Worte, nicht die Gedanken, und meine eigenen Gedanken und Gefühle schwingen in dem, was ich höre, immer mit.

Übung

Finden Sie beim nächsten Gespräch heraus, ob Sie Ihr Gegenüber richtig verstanden haben. Dazu versuchen Sie, immer wieder mitzuteilen, was bei Ihnen angekommen ist, und versichern sich dessen nochmals zum Beispiel durch Sätze wie: »Ich habe dich jetzt so verstanden …«, oder: »Fühlst du dich so, als ob …«, oder: »Ist das so …?«

Zuhören befreit vom Zwang, die »richtigen Antworten« zu finden

Jesus konnte den Menschen ins Herz sehen und deshalb fand er auch immer die Worte, die sein Gegenüber verstehen konnte und die »zu Herzen gingen«. Wir können das meist nicht, und gerade in schwierigen Gesprächen macht das nicht unbedingt Mut, auf den anderen zuzugehen. Ich habe aber die Erfahrung gemacht, dass ich sehr oft von ganz allein das »Richtige« sage, wenn ich wirklich genau zuhöre und eben nicht nur innerlich damit beschäftigt bin, mir kluge Worte zu überlegen, sondern stattdessen damit, den anderen Menschen zu verstehen.

Die richtigen Worte

Wilhelm Becker

Neben uns wohnte eine junge Familie, mit der wir zwar nicht befreundet waren, mit der wir aber ein »gut nachbarliches Verhältnis« hatten. Meine Frau und die Nachbarin unterhielten sich zum Beispiel bei der Gartenarbeit über den Zaun hinweg, wir gaben auch schon mal Einladungen zu besonderen Veranstaltungen in unserer Gemeinde weiter. Und dann wurde unsere Nachbarin bei einem Unfall ganz unerwartet sehr schwer verletzt und wir standen vor demselben Problem wie anscheinend alle anderen Nachbarn auch: Wie reagiert man? Helga und ich redeten uns die Köpfe heiß, ob und wie man Kontakt aufnehmen könne, was für Fragen unser Nachbar wohl habe, was an Hilfe nötig sei? Ich hatte Angst vor so einem Gespräch, denn ich wusste einfach nicht, was ich sagen sollte, wenn mein Nachbar mich zum Beispiel fragen würde, warum Gott so etwas zulässt.

Dann kam alles ganz anders: Ich sah Hans vor seinem Haus auf der anderen Straßenseite. Mein erster Impuls war, ihn einfach von weitem zu grüßen und weiterzugehen. Aber ich nahm all meinen Mut zusammen, ging zu ihm hinüber und sagte: »Mensch Hans, ich habe gehört, dass Anja verletzt ist, was für ein fürchterliches Unglück! Wie geht es ihr und wie geht es dir?« Da schossen ihm die Tränen in die Augen: »Sie ist heute morgen gestorben!« In meiner Hilflosigkeit konnte ich nichts tun, als noch einmal zu sagen: »Was für ein fürchterliches Unglück!«, und stumm zu beten, dass Gott mir irgendwie einen guten Gedanken schenken sollte. Ich hätte gern irgendetwas Tröstliches gesagt, aber ich wusste nichts, und so fragte ich ihn einfach, ob er darüber reden oder lieber seine Ruhe haben wolle.

Und er wollte reden. Er erzählte und erzählte: vom Unfall, von Anjas Tod, von ihrer Ehe, seiner Angst, wie das mit den Kindern weitergehen sollte … Ich hatte nichts Kluges zu sagen, keinen Trost, kein geistliches Wort. Nach dem Gespräch fühlte ich mich furchtbar unvollkommen. Aber als wir nach sechs Monaten noch einmal über diesen Tag sprachen (Hans und ich waren inzwischen

Freunde geworden, er und seine Kinder gingen bei uns ein und aus), da sagte er: »Willi, du hast mir so sehr geholfen damals, das kannst du dir wahrscheinlich gar nicht vorstellen. Ich habe ganz deutlich gemerkt, dass du für mich da bist. In vielen anderen Gesprächen wollten die Leute mir immer etwas erzählen: wie man mit so einem Schicksalsschlag umgeht, was jetzt passieren muss, wie ich das verarbeiten soll ... Aber du, du hast mich einfach ausdrücken lassen, was ich dachte und fühlte, ohne mir zu sagen, wie es »richtig geht«, ohne irgendwelche Floskeln und klugen Vertröstungen. Das war ganz wichtig für mich!«

»Aber ich habe mich so hilflos gefühlt!«, sagte ich. Und Hans antwortete: »Du bist zu mir herübergekommen und hast keine sichere Fassade aufgesetzt, und das war genau das, was ich gebraucht habe! Glaub mir, wenn du mir ein frommes Traktat in die Hand gedrückt hättest, hätte ich nicht so mit dir reden können. So hast du mir zugehört, und das hat mich mehr getröstet als jedes kluge und wahre Wort.«

Wer antwortet, bevor er überhaupt zugehört hat, zeigt seine Dummheit und macht sich lächerlich, heißt es in den Sprüchen (siehe 18,13). Die Kunst des Zuhörens kann man lernen. Und aus dem Hören wächst dann sehr oft auch das richtige Reden.

Kapitel 3

Vom Richten und Urteilen: »Ich weiß, dass ich nichts weiß ...«

Reden erwächst aus dem Zuhören

Wenn ich wirklich versucht habe zu verstehen, was mein Gegenüber denkt und fühlt, entstehen die Worte meist ganz von selbst. Vielleicht haben Sie manchmal das Gefühl, nicht genug zu wissen, nicht erfahren genug zu sein oder nicht tief genug zu glauben, um andere unterstützen zu können. Meiner Erfahrung nach ist es nicht das Wichtigste, dass ich viel »klüger« als mein Gegenüber bin, sondern dass ich bereit bin, wirklich zuzuhören, und zwar Gott und dem Menschen vor mir. Ich habe die verrückte Erfahrung gemacht, dass manche Gespräche, die ich unsicher anfing, hinterher »besser« waren als solche, in denen ich überzeugt war: »Das schaff ich schon!« Denn wo ich unsicher war, da waren meine Antennen für Gott und mein Gegenüber ganz auf Empfang geschaltet. So bete ich häufig: »Vater, lass mich gut zuhören und gib mir die richtigen Impulse!« Zu fragen, bis ich wirklich meine, verstanden zu haben, und dann ehrlich zu sagen, was ich denke und fühle, ohne zu erwarten, dass mein Gegenüber auch so denkt und fühlt – das ist ein wichtiger Baustein in der Seelsorge.

Als ich frisch verliebt war, schickten mein heutiger Mann und ich uns den ganzen Tag über kurze SMS (manchmal 20 am Tag) und riefen uns gegenseitig an, um uns mitzuteilen, was wir gerade erlebten. Es war uns wichtig, möglichst viel miteinander zu teilen. Versuchen Sie einen Tag lang, Gott immer wieder zu berichten, was Sie erleben. Denken Sie oft an ihn, bitten Sie ihn immer wieder, dass Sie an diesem Tag eng mit ihm verbunden bleiben, schreiben Sie ihm eine »geistige SMS« und halten Sie den heiligen Geist »auf Trab«. Setzen Sie sich nicht unter Druck,

Übung

das Ganze soll keine lästige Pflicht werden. Versuchen Sie nur, Gott an allem teilhaben zu lassen, was Sie an diesem Tag tun und erleben.

Die richtige Sicht der Dinge

Zuerst zuhören und dann reden: Das gilt übrigens auch für Themen, bei denen ich anderer Meinung bin als mein Gegenüber. Zwischen »Beurteilung« und »Verurteilung« besteht nämlich ein Riesenunterschied: Als Verurteilender begebe ich mich in die Rolle des Richters. Und das kann durchaus gefährlich sein, wie Jesus es in Matthäus 7,1ff beschrieb:

Richtet nicht, damit ihr nicht gerichtet werdet. Denn nach welchem Recht ihr richtet, werdet ihr gerichtet werden; und mit welchem Maß ihr messt, wird euch zugemessen werden. Was siehst du aber den Splitter in deines Bruders Auge und nimmst nicht wahr den Balken in deinem Auge? Oder wie kannst du sagen zu deinem Bruder: Halt, ich will dir den Splitter aus deinem Auge ziehen?, und siehe, ein Balken ist in deinem Auge. Du Heuchler, zieh zuerst den Balken aus deinem Auge; danach sieh zu, wie du den Splitter aus deines Bruders Auge ziehst.

In manchen Fällen bin ich überzeugt, dass meine Sicht »richtiger« ist als die meines Gesprächspartners. Darin allerdings kann durchaus eine Falle liegen, denn die Grundlagen meiner Entscheidung liegen in meiner Wahrnehmung der Dinge, und die muss nicht in jedem Fall hundertprozentig »richtig« sein. Die folgenden Beispiele verdeutlichen dies:

Welcher Innenkreis erscheint Ihnen kleiner?

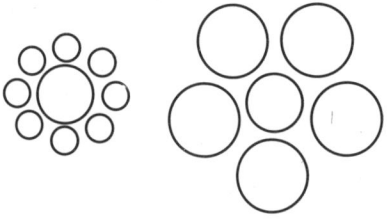

Unser Gehirn entschlüsselt dieses Bild meist so, dass der rechte Kreis kleiner aussieht als der linke. Daraus folgt, dass die Wahrnehmung auch von der Umgebung des Objektes abhängt: Die viel größeren Kreise rechts lassen den Kreis in der Mitte so klein erscheinen. Eine ähnliche Verzerrung kann auch in einer Gesprächssituation entstehen: In welchem Zusammenhang, mit welchem Erfahrungshintergrund, unter welchen Voraussetzungen und Vergleichssituationen wir etwas beurteilen, ist mit entscheidend für mein Ergebnis. Vielleicht lesen wir die Bibel auch deshalb manchmal so unterschiedlich, weil unsere Prägungen, unsere Vorerfahrungen und unser Umfeld unsere Sicht mit beeinflussen?!

Sehen Sie ein Paar oder einen Totenkopf?

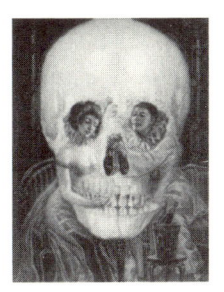

Das Fixierbild hier verändert sich beim Betrachten. Allerdings sehen wir selten beide Versionen gleichzeitig und gleich stark: Unser Gehirn sucht sich Orientierungspunkte und macht uns die dazu passenden Teile des Bildes bewusst, die nicht passenden lässt es unter den Tisch fallen. So ist das auch manchmal in unseren Urteilen. Kennen Sie den Satz: »Ich habe eine Meinung, stören Sie mich nicht mit Tatsachen?« Es kann vorkommen, dass wir nicht mehr offen dafür sind, dass es auch andere mögliche Sichtweisen geben könnte, wenn wir uns erst einmal ein Bild gemacht haben.

Das 3. Bild mag ich am liebsten: Sehen sie einige Sekunden lang genau hin. Erkennen Sie die Bewegungen? Toll, oder? Die Drehungen geschehen nicht auf dem Papier, sondern in Ihrem (etwas überforderten) Gehirn. Ihre Wahrnehmung dreht sozusagen die Kreise, die eigentlich gar nichts tun. Im Bild gesprochen: Manchmal denken wir, dass der Auslöser für ein Problem beim anderen liegt – und sind doch letztlich selbst die Ursache für das ganze Durcheinander. (Eventuell sehen Sie auch nur eine Reihe von Tunneln?! Auch das kann uns manchmal passieren. Es kommt eben auf den Blickwinkel an.)

Urteilen, aber nicht verurteilen

Wenn Jesus sagt: »Richtet nicht«, dann verbietet er uns nicht, uns ein Urteil zu bilden, noch nicht einmal, das Verhalten anderer zu beurteilen. Nein, er fordert uns auf, unsere Urteile selbstkritisch zu betrachten, nicht bei falschen Urteilen stehen zu bleiben und zu berücksichtigen, dass wir immer nur einen Teil der Wahrheit kennen.

Weist die Unordentlichen zurecht, tröstet die Kleinmütigen, tragt die Schwachen, seid geduldig gegen jedermann (1. Thessalonicher 5,14). Dieser Vers zeigt, dass man durchaus Urteile fällen darf (es gibt demnach »Unordentliche«, »Kleinmütige« und »Schwache«), aber die so Beurteilten sollen mit Geduld behandelt werden. Stellen Sie sich vor, wir Christen würden uns einmischen, wo sich Menschen »ungezogen« verhalten, und zwar mit Achtung, Geduld und Barmherzigkeit – und nicht nur hinter ihrem Rücken über sie reden. Stellen Sie sich vor, wir könnten unsere kleinmütigen und schwachen Seiten offen voreinander zeigen und würden Trost erfahren und geben. So sähe eine seelsorglich lebende Gemeinde aus.

Am liebsten würde ich trotzdem zum Schreiber des Thessalonicherbriefes sagen: »Du hast ja sicher recht, und das Bild, dass sich durch deine Worte ergibt, ist fast zu schön, um wahr zu sein. Wenn wir nur immer so geduldig und freundlich wären!« Aber das ist leichter gesagt als getan! Wir haben zu urteilen, zu kritisieren, zu unterscheiden, jeden Tag, in allen Lebensbereichen. Und dabei ist das Beurteilen und Verurteilen anderer Menschen weit verbreitet, und ich selbst kann mich auch nicht immer davon freimachen. Irgendwie ist es oft schnell geschehen, dass ich mir ein Bild von einem Menschen gemacht habe, und es ist nicht immer einfach, dieses Bild offenzuhalten oder wieder zu verändern. Manchmal fällt es mir schwer, bei bestimmten Aussagen anderer Menschen nicht »Mann, bist du doof!« zu denken, ohne dass ich mich wirklich bemüht hätte zu verstehen, wie mein Gegenüber zu seiner Meinung gekommen ist. Und manchmal habe ich es aufgegeben, mit anderen Menschen, deren Denken und Handeln mir fremd sind, in Kontakt zu bleiben.

Martin Buber hat einmal davon gesprochen, dass wir Menschen uns manchmal nicht begegnen, sondern »vergegnen«, also aneinander vorbeireden und -leben. Solche »Vergegnungen« sind gar nicht so selten, auch nicht bei uns Christen. Wie oft denke ich, dass ich weiß, was mein Gegenüber »wirklich meint«, bevor er es erklären konnte? Und wie oft passiert es, dass ich einem Menschen nicht mehr wirklich zuhöre, weil er nicht das »richtige« Weltbild hat, und ich viel lieber Gegenargumente sammle, als wenigstens zu versuchen, seine zu verstehen ?

Gehen Sie in dieser Woche bewusst auf einen Menschen zu, von dem Sie wissen, dass er oder sie ganz anders denkt und lebt als Sie. Unterhalten Sie sich mit diesem Menschen und versuchen Sie, gegen Dinge, die Sie anders sehen, nicht anzugehen und keine Argumente zu suchen, um den anderen zu überzeugen, sondern zu verstehen, wie dieser Mensch wohl zu seiner Meinung gekommen ist und wo es Anknüpfungspunkte zwischen Ihnen geben könnte.

Vielleicht fangen Sie einfach damit an, dass Sie sich beim Gemeindekaffee nach dem Gottesdienst an einen Tisch mit Menschen setzen, zu denen Sie sich sonst nie setzen würden?

Übung

Aber vielleicht haben Sie ja schon diese Begabung, auch mit Menschen, deren Denken und Verhalten Ihnen fremd sind, ins Gespräch zu kommen? Dann denken Sie doch einmal darüber nach, wie Sie diese Gabe vielleicht nutzen könnten. Eine Frau, die das macht, ist »Frau M.«.

Frau M. holt alle an einen Tisch

Karoline Auerbach

Ich kenne Frau M. schon lange. Sie ist eine warmherzige und faszinierende Frau (auch, wenn sie diese Bezeichnung wahrscheinlich übertrieben fände). In ihrer Gemeinde hat sie kein Amt, sie gehört offiziell nicht zu den »wichtigen« Leuten. Aber kaum bemerkt von den meisten hat sie ihren Auftrag in der Gemeinde gefunden und erfüllt ihn treu und gut. »Meine größte Begabung besteht darin, dass ich gut kochen und backen kann; ich habe die Gabe der Gastfreundschaft«, sagt sie über sich. Und die nutzt sie auch. Die »Randfichten« der Gemeinde sind häufig bei ihr zu Besuch. Am Sonntag lädt sie die Einsamen zu sich ein. Und als ihr auffällt, dass in ihrer Gemeinde mehr übereinander als miteinander geredet wird, fängt sie an, Vertreter der unterschiedlichen »Lager« gemeinsam zum Kaffee oder zum Essen einzuladen. »Weil man ja auch Gelegenheiten braucht, um miteinander zu sprechen!«, sagt sie. Und dann spricht sie ganz unverblümt die strittigen Themen an: »Ich habe gehört, ihr seid euch uneins, weil …« Sie lässt nicht locker, wenn die Gäste davon reden, dies sei nicht der richtige Rahmen. Dann antwortet sie: »Was brauchst du denn einen Rahmen dafür, mit deinen Geschwistern ehrlich zu reden? Aber wenn du nicht willst, ist es auch in Ordnung, dann erklär eben mir, was du dazu denkst …« Frau M.s Kaffeekränzchen sind deshalb berühmt und berüchtigt. Aber alle sind sich einig, dass sie sich aus Liebe einmischt. Und einigen hat sie auch schon geholfen, die »Kaffeetischmediation« bei Frau M.

Kritisieren ja, aber richtig

Richtet nicht, damit ihr nicht gerichtet werdet. Mit diesen Worten hat
Jesus uns darüber aufgeklärt, welche Verantwortung wir mit unseren
Urteilen übernehmen. Natürlich können wir gar nicht umhin, Dinge,
Situationen und Meinungen auch zu beurteilen. Es geht also nicht
darum, meinungslos zu sein, sondern darum, darauf zu achten, dass
ich nicht leichtfertig zu vorschnellen Urteilen komme und meine Beurteilung zu einer Verurteilung wird. Grundlage muss immer die Zuwendung zum anderen sein. Das wird auch im Wort Barmherzigkeit
deutlich: »Erbarmen« und »Zugewandtheit« verbinden sich in diesem Begriff. Wenn wir von Gott lernen wollen, müssen wir unsere
Beurteilungen an seinem Maß messen lassen: *Seid barmherzig, wie
auch euer Vater barmherzig ist* (Lukas 6,36). Das bedeutet in diesem
Zusammenhang, dass ich mir darüber klar werden muss, warum ich
etwas ansprechen möchte: Geht es mir tatsächlich um die Person und
die Sache oder ums Rechthaben und ums Richten?

»Richten« kann Verschiedenes bedeuten: »schlichten«, also einen
Konflikt widerstreitender Interessen in einem tragfähigen Kompro-
miss beider Seiten zu einem friedlichen Ende bringen. »Richten«
kann heißen: »helfen« (etwas »aus-richten«). »Richten« kann aber
auch meinen: »herrschen«. Kritisiere ich etwas, weil ich helfen will,
oder kritisiere ich, weil ich herrschen will?

Gott ist barmherzig zu uns. Kennen Sie das Sprichwort: »Wie es
in den Wald hineinruft, so schallt es heraus.«? Wenn wir uns bewusst
machen, dass Gott mit Barmherzigkeit in uns »hineinruft«, sollte das
Echo nach außen dazu passen. Auf Gottes Zuwendung zu reagieren
heißt auch, miteinander barmherzig umzugehen. Und das kann große
Auswirkungen haben.

Manchmal reicht es schon aus, meine Beobachtungen und Gedanken so zu formulieren, dass ich zuallererst über meine Überlegungen
und Gefühle spreche und nicht den anderen anklage und ihn so von
vornherein festlege. Also sollte ein Gespräch zum Beispiel nicht anfangen mit: »Ich finde schlecht, dass ...«, »Mir gefällt nicht, wie ...«,
»Das ist nicht geistlich ...«, sondern mit: »Mir ist aufgefallen, dass ...«,

oder: »Ich hatte den Eindruck ...«, und dann: »Dabei habe ich mich gefragt ...«, oder: »Das hat in mir ausgelöst ...«

Liebe Geschwister, ich bin ganz sicher: Ihr seid von allem guten Willen erfüllt und seid euch voll bewusst, was Gott für euch getan hat. Darum könnt ihr euch auch selbst gegenseitig ermahnen

Römer 15,14; GN

Übung

Tag 1: Machen Sie sich heute ganz bewusst, dass Gott Sie mit Liebe und Barmherzigkeit betrachtet. Dass er Sie versteht, dass er alle Ihre Gedanken und Handlungen kennt. Er weiß von Ihren besten und Ihren schlechtesten Seiten. Worüber freut er sich, wenn er Ihr Leben betrachtet? Was sieht er mit Sorge? Laden Sie Gott in alles ein, was Sie heute tun und denken. Versuchen Sie, auch unangenehme und »schlechte« Gefühle und Gedanken offen vor Gott zu denken und zu fühlen. Er kennt sie ja sowieso!

Tag 2: Stellen Sie sich heute vor, Sie würden beginnen, mit anderen Menschen ganz konsequent ehrlich und gleichzeitig barmherzig umzugehen (keine Angst, Sie müssen das nicht sofort umsetzen!). Welche Beziehungen würden so bleiben, wie sie sind, welche müssten sich dann wie verändern? Was würden Sie anders machen als in der letzten Woche, wenn Sie sich an dieses Prinzip halten würden?

Suchen Sie sich eine der Beziehungen heraus, über die Sie nachgedacht haben. Wo liegt hier die Hauptherausforderung? In der Ehrlichkeit oder in der Barmherzigkeit? Was hat Sie bisher daran gehindert, diese Beziehung positiver zu gestalten? Beten Sie in der nächsten Woche regelmäßig für diese Beziehung und bitten Sie Gott auch, Ihnen zu helfen, »Splitter und Balken« voneinander zu unterscheiden.

Eigentlich gilt die Herausforderung, Ehrlichkeit und Barmherzigkeit zu kombinieren, uns als Einzelnen, aber damit auch uns als Gemeinde. Ich glaube, eine Gemeinschaft, in der wir uns an diese Prinzipien halten, hat eine enorme Ausstrahlung. So berichtet der Geschichtsschreiber Tertullian (150-230) von der ersten Gemeinde: »Seht, wie sie einander lieben.«

»Unsere Gemeinde ist aber nicht so!«, denken Sie jetzt vielleicht. Aber Sie selbst können versuchen, so zu werden, und so auch dazu beitragen, dass sich Ihre Gemeinde verändert. Es liegt an unserer Entscheidung, ob wir uns gegenseitig auf unser »Fehlverhalten« festlegen und damit Beziehungen abschließen, oder ob wir immer wieder neu bereit werden, Beziehungen zu öffnen und »den ersten Schritt« zu machen.

Aber ist das überhaupt richtig? Macht man es »den Sündern« damit nicht viel zu leicht? Ich denke nicht. Zum einen sind wir ja nun selbst Sünder – da haben wir wieder das Problem mit den Splittern und den Balken. Zum anderen verändern Ablehnung, Kälte und Hartherzigkeit meist viel weniger, als wir denken. Ein gar nicht so frommer Mann, Hermann Hesse, hatte dazu einen guten Gedanken:

> *Sieh, ich versteh ja dein Fluchen;*
> *Aber die Welt bleibt, wie sie war,*
> *Dein Hass verändert sie um kein Haar.*
> *Die Menschen sind eine verdorbene Brut,*
> *Aber du selber – bist du denn gut?*
> *Ich würd' es mit der Liebe versuchen.*

Erinnern Sie sich noch an die optischen Täuschungen? Wenn ich mich nur auf mein eigenes Gehirn verlasse, mein Urteil, meine Vorstellungen, kann ich mich selbst leicht täuschen. Ich muss versuchen, offen zu bleiben und das einzukalkulieren. Gut wäre auch ein Vergleichspunkt außerhalb meines eigenen Kopfes. Eine Art Maßstab. Diesen kann ich bei Gott und in der Bibel finden. So ist das auch mit dem Thema Kritik und Urteil: Echte, konstruktive Kritik setzt Selbstkritik voraus, Selbstkritik, die durch Gottes Barmherzigkeit ihren Maßstab findet.

Zum Nachdenken:

Wie gut bin ich darin, zuzuhören?
Wie gut kenne ich »die Balken in meinem Auge«?
Was will ich tun, um die Fähigkeit, zuzuhören, noch weiter zu trainieren?
Wer könnte »ein offenes Ohr« brauchen?

Seelsorge hat viele Facetten. Die schon beschriebene Zuwendung zum anderen, das offene Ohr, die offenen Augen, die Bereitschaft, sich mit anderen auseinanderzusetzen, bei Schwierigkeiten und Problemen da zu sein, sind wichtige Bestandteile. Die »seelsorgerliche Grundhaltung« sollte eigentlich von uns allen immer mehr eingeübt werden und zum »Standardverhalten« in unseren Gemeinschaften werden.

Aber »an den Küchentischen der Welt« können wir noch viel mehr füreinander tun. Die Erfahrenen könnten zum Beispiel die nicht so Erfahrenen in der Gemeinde begleiten, fördern und unterstützen. Auf »neudeutsch« nennt man das »Mentoring«.

Kapitel 4

Mentor sein:
begleiten, fördern, Entwicklungshilfe leisten

Alexandra C. E. Depuhl

Mentoring

»Mentoring« ist die Bezeichnung für eine besondere Art der Beziehung zwischen zwei Personen: einer hilft dem anderen, sein Potenzial, seine Berufung und seine Begabungen zu erkennen und zu entfalten. Unter dem Stichwort »Seelsorge« kommt noch der Wunsch dazu, das Gegenüber in seiner Beziehung zu Gott zu unterstützen. Ein gutes Beispiel dafür wäre die Beziehung zwischen Paulus und Timotheus, aber auch die Art, wie Jesus seine Jünger förderte und forderte.

Wenn irgendwo, irgendwann, irgendwer sich für das Wachstum und die Reifung einer anderen Person interessiert, sie fördert, lehrt und ermutigt, dann ist sie ein Mentor/eine Mentorin.

Dr. Beverly Kay

Sie war eine Mentorin ohne es zu wissen

Maria Baronin Wolff war eine vorbildliche Frau. Obwohl sie selbst keine Kinder hatte, kümmerte sie sich in einer besonderen »mütterlichen« Weise um ihre Patentochter. Sie sah nicht nur zu, wie dieses Kind größer wurde, sondern sie half auch mit, dass sie geistig wuchs.

Sie war seltsamerweise stets da, wenn man sie brauchte. Und sie reiste zu wichtigen Tagen immer an. Hielt das richtige Geschenk in der Hand. Reden konnte man gut mit ihr, sowohl als Kind als auch als junges Mädchen. Es war so, als ob sie sich in die Lage ihres Gegenübers versetzte, und man hatte nie das Gefühl, sie höre nicht zu. Manchmal dauerte es eine kurze Zeit, bevor ihre Antwort kam. Dann aber war sie durchdacht, liebevoll formuliert und klar geäußert. Diese Patentochter war ich.

Eines Tages saßen wir uns in einem Café gegenüber. Sie hatte eine lange Eisenbahnfahrt auf sich genommen, sie wollte persönlich wissen, was geschehen war, was mich bewegte. Sie glaubte nicht den aufgeregten und fast schon ungläubigen Worten meiner Eltern, sie wollte die Geschichte selber hören und darüber sprechen, und zwar allein mit ihrer Patentochter. Jetzt saßen wir uns gegenüber, tranken Kaffee, aßen Kuchen und redeten. »Was hast du denn Besonderes erlebt, dass deine Eltern so besorgt um dich sind?«, begann sie die Unterhaltung. Ich hatte mich gerade bekehrt und sie wollte sich in meinen neu erlebten Glauben einfühlen, ihr war es wichtig, meine persönliche Einstellung zu hören.

Das habe ich bis heute behalten. Tante Gill zeigte mir viel Verständnis, obwohl sie meine Überzeugung so nicht teilte. Ich konnte mich ihr anvertrauen. Ich war sicher, sie würde meinen Glauben und mein geändertes Leben den anderen erklären, so wie ich es noch nicht fertigbrachte.

Und so war es. Sie fuhr den langen Weg zurück und sprach mit meinen Eltern. Wenn ich zurückdenke an Tante Gill, dann bin ich froh, wie sie mich begleitet und gefördert hat. Sie war mir ein Vorbild. Wie gut, dass ich sie hatte und von ihr lernen konnte! So will ich auch einmal werden. Meine Patentante war, ohne es zu wissen, meine Mentorin, sie hat mein Leben bereichert und mir neue Perspektiven gezeigt.

Brauchen wir nicht alle Vorbilder?

Menschen, zu denen wir Vertrauen haben können, die uns voraus sind und uns durch ihr Beispiel anspornen, sind sehr wertvoll für unsere Entwicklung. Sie tragen viel dazu bei, dass wir weiterkommen. Dabei geht es um Förderung, aber manchmal auch um Herausforderung. Der englische Begriff »stretching« bedeutet »gezogen oder erzogen werden«, »dehnen«. Vorbilder machen uns gespannt auf das, was kommt, fordern uns heraus, Neues auszuprobieren. So erkennen wir unsere Möglichkeiten und unsere Grenzen. Und das ist in den Jahren des Ausprobierens notwendig für Wachstum und Reife.

Wir sind Vorbilder, ob wir uns dessen bewusst sind oder nicht. Manchmal schlechte, manchmal gute. Also: Warum nicht etwas daraus machen? Der Satz: »Ich kann kein Vorbild sein, weil ich selbst noch so viel an mir verändern muss«, ist lange nicht so »demütig«, wie er sich im ersten Moment anhört. Denn er zeigt, dass ich Gott anscheinend nicht zutraue, dass er mich gebrauchen kann, um andere zu unterstützen und ihnen zu helfen.

Stellen Sie sich vor, in unseren Gemeinden wäre es ganz selbstverständlich, dass die Erfahreneren andere in bestimmten Bereichen begleiten und unterstützen. Dass sich Beter, Ansprechpartner, Gegenüber, »Mentoren« zur Verfügung stellen, die anderen die Gelegenheit geben, sich auszuprobieren, sich zu reflektieren und ermutigt zu werden. Das ist nämlich »Mentoring«: ein Mentor ist ein Förderer, und »Mentoring« kann und soll im ganz alltäglichen Leben geschehen. Eins ist nur unumgänglich: Wir brauchen eine vertrauenswürdige Beziehung.

Zentrale Elemente des Mentoring

- Mentoring ist die Eins-zu-eins-Beziehung zwischen einer erfahrenen Persönlichkeit und einer noch nicht so erfahrenen Person.
- Der Mentor nimmt Anteil und übernimmt persönliche Verantwortung für den »Mentee«.
- Mentoring-Beziehungen sind geschützte Beziehungen; sie ermöglichen unbefangenes Lernen und Experimentieren.
- Der Mentor muss nicht perfekt sein, sondern authentisch.
- Im christlichen Kontext hat Mentoring auch das Ziel, den Glauben des Mentee zu stärken. Hier geht es aber mehr um »die Freiheit zur Entwicklung der eigenen Gottesbeziehung« als darum, den Mentee mit Wahrheiten zu füttern.

Wie ich eine Mentorin wurde

»Du bist zu alt«, hatte sie gesagt. »Du solltest einer jüngeren Platz machen.« Gerade 55 Jahre alt und noch nicht lange in der Position, die ich jetzt wieder aufgeben sollte, dachte ich über die Möglichkeiten in meinem Leben nach. Wollte ich immer so weitermachen oder konnte eine Veränderung neue Wege aufzeigen?

Mit 55 Jahren zu alt? Dabei hatte ich gerade angefangen, mich nach vier Kindern freizumachen, um außerhalb der Familie und meiner Arbeit im Jugendcamp noch hie und da mitzuwirken. Und dann das! Was fiel ihr ein, mich so an die Wand zu stellen? Ich fühlte mich verletzt und hatte nichts gegen diese Aufforderung zu setzen. Sollte alles zu Ende sein? Ich fuhr nach Hause und hatte mehrere Stunden Zeit, zu weinen, zu Gott zu schreien, ihn für meine Misere verantwortlich zu machen, mich darüber aufzuregen und mich in Frage zu stellen.

Alles ging mir durch den Kopf. Da ich ein gründlicher Mensch bin, habe ich dann auch alle Möglichkeiten durchgespielt. Und ich fragte Gott, was er sich dabei dachte. Je länger ich darüber nachsann, desto mehr merkte ich, wie seine Ruhe und sein Frieden in mir aufstiegen. Ich bekam die Gewissheit, dass auch hierin etwas Gutes liegen würde.

Kleine Puzzleteile kamen zu einem schönen Bild zusammen, so dass ich einen neuen Auftrag von Gott für mich erkennen konnte: Ich hatte so viele Kontakte, so viele Menschen, die mir am Herzen lagen. Vielleicht war das ja mein Auftrag? Vielleicht wollte Gott mich als »Diamantensucherin«, vielleicht wollte er mein Auge schulen für jüngere Menschen, die Ermutigung und Förderung brauchen konnten? So kam ich zu dieser besonderen neuen Entdeckung in meinem Leben. Aus den verletzenden Worten wurden »goldene Äpfel auf einem silbernen Tablett«.

Viele junge Menschen waren in unserem Jugendcamp, ich dachte an meine Mitarbeiterinnen beim Frühstückstreffen und so manche Vorstandsarbeit kam mir in den Sinn, wo ich oft unbewusst Mentorin war und bin.

Manchmal muss man bereit sein, etwas aufzugeben, um neu anfangen zu können. Als ich mich Gott zur Verfügung stellte, kamen jüngere Menschen in ganz unterschiedlichen Zusammenhängen auf mich zu und baten mich, ihnen dabei zu helfen, ihr Leben zu organisieren, ihre Prioritäten zu ordnen und ihre Gaben zu entfalten. Und sie wollten hören, wie ich in meinem Leben mit ähnlichen Situationen klargekommen war, wie ich mit Misserfolgen umgegangen war, wie ich meine Motive erkannt hatte.

Viele Seminare, Bücher, persönliche Beziehungen und Nachfragen bei anderen haben mir geholfen, mich zurückzunehmen und mich an den anderen zu freuen, die Neues wagen und erkennen möchten.

Für mich sind Mentees gelehrige, ungeduldige Seelen. Sie brauchen uns als Mentoren, die sie lieben, sie herausfordern, sie anleiten und leiten. Sie wollen bestärkt und von uns bei unseren Kontakten und Freunden eingeführt werden.

Eltern, die ersten Mentoren im Leben

Im Nachdenken entdeckte ich, dass ich durch meine vorherige Rolle als Mutter eigentlich schon sehr gut auf meine neue Rolle als Mentorin vorbereitet war. Denn Eltern sind eigentlich die ersten Mentoren im Leben ihrer Kinder.

Mein Mann, Michael, und ich leiteten viele Jahre ein christliches Jugendwerk. Dabei blieb es nicht aus, dass unsere Kinder Kontakt mit vielen Menschen bekamen. Das war vielleicht manchmal auch schwierig, aber ich wollte als Mutter, dass sie lernten, sich zu öffnen, und ich wünschte ihnen die Erfahrung, sich auch anderen anvertrauen zu können und von ihnen zu lernen. So bat ich Musiker, Redner, Missionare und viele gute Freunde, ihnen den Horizont zu erweitern.

Die Kids fanden es etwas Besonderes, den Missionar aus Afrika erzählen zu hören, und ich glaube, dass ihnen das die Sehnsucht nach fernen Ländern und Mission ins Herz gelegt hat. Eine unserer Töchter war als Missionarin in Rumänien und in Kanada bei den Indianern. Manche bekannte Sänger und Musiker haben ihnen geholfen, die Freude und Herzenssprache der Musik zu entdecken. Einer unserer Söhne ist im Musikgeschäft. Und auch Fragen des Glaubens konnten die Kinder bei Gastrednern und Theologen kritisch stellen und sich so vielleicht eine andere Meinung holen. Sie lernten durch diese Vorbilder neue Seiten an sich selber kennen. Edith Schaeffer nennt das in ihrem Buch *Lebensraum Familie,* »eine Schatzkiste der Erinnerungen« anzulegen.

Eltern erziehen nicht nur ihre Kinder, sondern sie entwickeln das Potenzial in ihnen. Sie sind die ersten Mentoren, die die Kinder kennenlernen. Sie fördern und erhalten ihnen ihre Kreativität, indem sie Ideen nicht unterbinden, sondern ihnen Freiraum geben und den Kontakt mit anderen Vorbildern fördern. Sie sorgen für die Seelen ihrer Kinder. So auch die Mutter im folgenden Beispiel:

Roter Schleim

In einer Küche öffnet eine Frau Konservendosen und füllt ihren Inhalt in einen Dampfkochtopf. Ihr Sohn ist Pfadfinder und möchte sich eine Auszeichnung fürs Filmen verdienen. Der Vater hat ihm eine Super-8-Kamera geschenkt, und der Sohn hat einen Einfall gehabt: Ein Horrorfilm soll es werden.

Für eine Einstellung braucht er roten, blutig aussehenden Schleim, der von den Küchenschränken tropft. Deshalb ist seine Mutter in den Supermarkt gefahren, hat dreißig Dosen Kirschen gekauft und kippt die Kirschen jetzt in den Dampftopf, um aus ihnen einen köstlichen roten Schleim zu kochen. Sie gehört nicht zu den Müttern, die sagen: »Geh nach draußen spielen, ich will den Kram nicht im Haus haben.« Ganz im Gegenteil. Sie lässt ihm freie Hand, als er das Haus in ein Filmstudio verwandelt, Möbel umstellt und ganze Bereiche mit Tüchern verhängt. Sie hilft ihm beim Schneidern der Kostüme und spielt in seinen Filmen sogar mit. Als er eine Wüstenszene braucht, fährt sie ihn mit dem Familienjeep in die Wüste. Sehr viel später erinnert sie sich, dass sie nach dem Blutschleim noch jahrelang Kirschen in den Schränken fand.

Ihr Sohn heißt Steven Spielberg. (aus Daniel Goleman, Paul Kauf-
man, Michael Ray: Kreativität entdecken, München: dtv, S. 81ff)

Die Autoren führen Spielbergs Mutter als Beispiel für Eltern an, die
die Begabung und Neigung ihrer Kinder fördern. Sie war eine Mutter, die ihren Kindern ermöglichte, ihre Fähigkeiten nach Belieben
zu entfalten – selbst wenn sie das Haus auf den Kopf stellten.

Kreativität ist solch ein kostbares Gut. Wenn wir sie in den Kindern fördern, behalten sie sie in ihrem Erwachsenenleben. Kreativität
ist ein unbezahlbares Potenzial, nicht nur in Kindern! Was ist uns also wichtiger: ein ordentliches oder ein lebendiges Zuhause (oder Ge-
meindehaus)?

Wer war in Ihrem Leben ein Mentor, vielleicht ohne es zu wissen? Wer waren Ihre Vorbilder, war hat Prägungen und Spuren
in Ihrer Seele hinterlassen? Sehen Sie heute dankbar auf die
Menschen zurück, die Sie begleitet und gefördert haben. Vielleicht möchten Sie einem dieser Menschen sogar sagen, was Sie
von ihm oder ihr gelernt haben?

Übung

Wir hinterlassen Eindrücke und Worte

Vor einiger Zeit war ich bei meiner Enkeltochter in Chicago. Sie
wird von ihrer Mutter zu Hause unterrichtet. So hatte ich die Gelegenheit, eine Unterrichtseinheit in Gemeinschaftskunde zu übernehmen. Alle Menschen sind verschieden von Gott geschaffen, keiner
gleicht dem anderen. Das sollte sie verstehen. Die Übung dazu war,
von der ganzen Familie und den Menschen in der Umgebung Fingerabdrücke zu nehmen und sie dann zu vergleichen. Dies war ganz
schön spannend für sie. Wir konnten sogar Ältere von Jüngeren
unterscheiden und fanden schließlich heraus, dass nicht zwei darunter waren, die sich exakt glichen. Ob Vater, Mutter, Großeltern, die
Nachbarn, die Menschen in der Gemeinde – alle sind so verschieden
wie die Fingerabdrücke, die sie hinterlassen.

Genauso hinterlassen wir Eindrücke, ob wir wollen oder nicht, und wir tragen in uns die Eindrücke, die andere Menschen in uns hinterlassen haben. Es können Erlebnisse, Ereignisse, Begebenheiten und manchmal auch Worte sein, die uns ein Leben lang begleiten, sowohl gute als auch schlechte. Manchmal wäre es uns lieber gewesen, wir hätten etwas Bestimmtes nicht gehört, getan, erlebt oder gesagt, denn Eindrücke können uns auch verfolgen, unser Handeln beeinträchtigen und unserem Selbstbewusstsein schaden.

In einem Lied des französischen Geistlichen Père Coquagnac heißt es, dass Worte wie Federn sind. Da rupft man ein Huhn und die Federn fliegen im Wind davon. Wenn man nun versucht, sie alle wieder zurückzuholen – unmöglich! Mit den Worten ist das genauso, wir können sie nicht wieder zurückholen.

Auch Jesus hat einen Eindruck hinterlassen. Er war ein großartiger Lehrer. Seine Worte und Taten waren voll Kraft, weise und gut. Er gebrauchte sie an der richtigen Stelle zum richtigen Zeitpunkt. Er selbst war das Wort, das trägt und heute noch so machtvoll ist wie damals. Er wusste, was sein Gegenüber brauchte, er erkannte, welche Worte er wählen sollte, um einen bleibenden Eindruck zu hinterlassen. Er kannte die Person genau, zu der er sprach, sah ihre Bedürfnisse und spürte ihr Verlangen nach Heilung an Seele und Leib. Er ging darauf ein. Seine Worte und sein Rat waren verständlich und klar für die, die ihm zuhörten. Für die jedoch, die ihn in Frage stellten und versuchen wollten, waren sie unverständlich.

Für seine Jünger war er der beste Mentor: Er hatte großes Interesse an jedem Einzelnen, lebte ihnen vor, was er ihnen nahebringen wollte, förderte und forderte sie, konfrontierte sie und half ihnen, mit Fehlern umzugehen. Bei allem hatte er sehr viel Geduld.

Was bedeutet es, Mentor zu sein?

Der Begriff des Mentors hat sich durch die Jahrhunderte verändert. In der griechischen Sage war Mentor der Freund des Odysseus und der Lehrer seines Sohnes Telemachos. Durch Fénclons Roman *Les aventures de Télémaque* (die Abenteuer des Telemachos) wird »Mentor« im 17. Jahrhundert in literarischen Kreisen als Bezeichnung für einen erziehenden, leitenden und beschützenden älteren Freund verwendet. Daraus wird im 18. Jahrhundert der »Ratgeber am Hofe«, im 19. Jahrhundert der Hauslehrer und in der neueren Zeit ein Betreuer von Studenten. Heute bekommt dieser Begriff in unserer beziehungsarmen Welt wieder mehr Raum und einen besonderen Wert.

Eine der griechischen Bezeichnungen für den Geist Gottes ist »parakletos«. Das bedeutet »Mentor«, »Beistand« oder »Erzieher«. Auch Gottes Geist gehört also zu unseren Mentoren und hilft, mündig zu werden, unsere Berufung zu entdecken. Er begleitet und unterstützt.

Eine Mentorenbeziehung lebt zwar vom Vorbildcharakter des Mentors, aber es geht nicht darum, so zu werden wie der Mentor, sondern darum, das eigene Potenzial auszuschöpfen und zu entdecken, was in einem steckt.

Jeder Mensch kann zum Wachstum anderer beitragen, indem er das, was er von Gott empfangen hat, an andere weitergibt. Das geschieht zu einem großen Teil im alltäglichen Leben, und zwar in Beziehungen, das heißt in den verschiedensten Situationen durch ein gelebtes und inspirierendes Vorbild. Das kann so aussehen, dass ein Mentor seine persönlichen Stärken, Mittel, Kontakte, sein Wissen etc. zur Verfügung stellt, damit ein anderer seine Ziele und Visionen erreichen und immer mehr in seine Berufung hineinwachsen kann. Der eine nimmt den anderen »in die Lehre«, lässt ihn mitarbeiten und dabei lernen. Das kann die erfahrene Hausfrau sein, die eine unsichere andere Frau begleitet, der Hauskreisleiter, der seinen Nachfolger fördert, der erfahrene Christ, der den Neuling im Glauben begleitet.

Robin Claydon, lange Jahre Mentorin für Frauen in der Lausanner Bewegung, sagt dazu: »Mentoring ist, einen anderen Menschen bewusst zu ermutigen und ihm dabei zu helfen, die Gaben und Möglichkeiten auszuschöpfen, die Gott ihm gegeben hat.« Ein Mentor will also ganz bewusst andere stärken, bekräftigen, ermutigen, lehren, begleiten, beraten und in ihr Potenzial hineinführen.

Jeder von uns hat von Gott eine Bestimmung und eine ganz eigene Würde bekommen. Ein Mentor hilft, dieses Potenzial zu bündeln und zur Blüte zu bringen und in das Leben des Mentee einzuflechten. Der Psychotherapeut Wilhard Becker sagt dazu: »das Optimum erreichen aus dem, was wir innen und außen sind«.

Beim Mentoring wird eine uralte Erkenntnis umgesetzt: Menschen wachsen an ihrer Persönlichkeit, wenn sie in vertrauensvoller Beziehung zu anderen Menschen stehen, die an irgendeiner Stelle einen Vorsprung an Wissen, Reife oder Einfluss haben. Das kann am Küchentisch sein, beim gemeinsamen Vorbereiten einer Gemeindeveranstaltung, während eines Spaziergangs oder beim zweiten Frühstück, bei dem man auch gut ins Gespräch kommen kann. Ich lasse meine Frühstücksgäste immer die Brötchen mitbringen, so sind sie auch eingebunden. Sich Zeit zu nehmen, um in das Leben anderer hineinzubauen, macht viel Spaß.

Was brauche ich, um ein Mentor zu sein?

Um diese Frage zu beantworten, kann es nützlich sein, einen Blick in die eigene Geschichte zu werfen:
- Wie ist mir geholfen worden?
- Wie bin ich in meinem Leben weitergekommen: als Persönlichkeit, als Mitarbeiter, als Leiter?

Wir selber müssen als Mentoren auf unserer Glaubensreise durch Höhen und Tiefen gegangen sein, um an Jüngere weiterzugeben, was wir erkannt und schon gemeistert haben. Mit der Erkenntnis, wer Gott in unserem Leben ist und was er uns bedeutet, was er in unserem Leben bewirkt hat, mit Ehrlichkeit und Mut werden wir dann zu einem Gegenüber, das andere nicht mit Ratschlägen überhäuft, sondern zuhört, zu verstehen versucht und sich selbst öffnet. Dann lassen wir andere an unseren Erfahrungen teilhaben, ohne sie ihnen als Lösung aufzuzwingen.

Ein Mentor sollte seine Stärken und Schwächen kennen und bereit sein, davon zu reden. Das gehört mit zu dem Prozess, Menschen in ihren verschiedenen Lebenslagen zu beraten und mit ihnen ein Stück des Weges zu gehen.

Zum Nachdenken:

Für wen bin ich schon Vorbild, ohne dass ich es bisher vielleicht bewusst so wahrgenommen habe?

Was würde ich anderen Menschen gerne nahebringen, worin kann ich sie unterstützen?

Wer könnte meine Unterstützung und Förderung brauchen? Denken Sie dabei nicht nur an geistliche und geistige Dinge, sondern auch ganz praktisch.

Kapitel 5

Beraten: Hilfe zur Selbsthilfe

Pläne ohne Beratung schlagen fehl; durch gute Ratgeber führen sie zum Ziel.

Sprüche 15,22; GN

Der Begriff Beratung bezeichnet im Allgemeinen ein Gespräch oder einen anderweitig kommunikativen Austausch (Brief, E-Mail o.Ä.) oder auch eine praktische Anleitung, die zum Ziel hat, eine Aufgabe oder ein Problem zu lösen oder sich der Lösung anzunähern.

Wikipedia

Fassen wir noch einmal zusammen: Zuhören zu können ist die Basis eines seelsorgerlichen Umgangs miteinander. Aus ihr wächst die Fähigkeit, andere zu beraten. Beratung will nun in konkreten Lebenslagen Hilfe zur Selbsthilfe geben. Sie spricht in aktuelle Fragen und Probleme hinein, reflektiert, informiert, konfrontiert oder gibt Ideen weiter, versucht aber nicht, das Problem für den anderen zu lösen. Seelsorge nimmt das alles mit hinein in die Gegenwart Gottes und bemüht sich, Lebensfragen und Erfahrungen mit den befreienden und tröstlichen Sichtweisen des Glaubens zu verbinden.

In der Bibel wird immer wieder darauf hingewiesen: Ermutigt einander, tragt einander, helft einander auf … Und es wird deutlich, wie wichtig es für uns ist, Berater zu haben: Menschen, die uns dabei unterstützen, unsere Fähigkeiten zu entdecken und einzusetzen, die ehrlich mit uns sind und uns auf Fehler hinweisen, mit denen wir unsere Ideen und Pläne reflektieren, die Ratgeber sind, ohne »Rat-Schläge« zu verteilen. Berater sind keine Richter: Ich kann sagen, was ich sehe, was ich denke und fühle, welche Ideen ich habe. Ich kann Vorschläge machen. Aber ich muss die Grenzen im Auge behalten.

Wie das konkret aussieht? Ich sitze mit meiner Freundin Hannelore an unserem Küchentisch und erzähle ihr, wie anstrengend ich es im Moment manchmal finde, in der Beziehung zu meinem Mann klarzukommen. Sie hört mir zu, zeigt mir Verständnis. Aber sie spiegelt mir eher, wie sie mein Verhalten erlebt, als dass sie mit mir über meinen Mann nachdenkt. Denn sie weiß, dass man immer nur sich selbst ändern kann und niemals den anderen. Das rät sie mir auch: »Wie kannst du dich anders verhalten? Welchen ersten Schritt kannst du tun? Es hilft nicht viel abzuwarten, bis dein Mann von alleine drauf kommt, was du denkst und willst!«

Ein anderes Beispiel: Vor vielen Jahren saß ich im Büro von Schwester Ilse, meiner Vorgesetzten und Mentorin. Ich erzählte ihr, dass ich zu viele Dinge gleichzeitig zu tun hätte und dass ich das Gefühl bekäme, es wäre besser, weniger zu tun, aber das intensiver. Und ich erzählte ihr, dass ich große Probleme dabei hätte, meine Prioritäten richtig zu setzen. Es gab einige Dinge, die mir sehr am Herzen lagen und die ich gern mit mehr Zeit und Energie verfolgt hätte. Gleichzeitig gab es viele Routineaufgaben, die auch irgendwie weiterlaufen mussten. Wenn ich sie zurückstellte, bekam ich ein schlechtes Gewissen, weil ich mich vor der Pflicht drückte und die »Kür« wählte.

Schwester Ilse ging die einzelnen Bereiche mit mir durch, hörte sich an, was ich zu sagen hatte, ließ mich aufschreiben, wofür ich wie viel Zeit brauchte, was dringend und was wichtig war, was sinnvoll und was nicht so sehr. Nach einer Woche saß ich mit meiner Liste wieder bei ihr und sie wertete mit mir die Ergebnisse aus. Alles einmal auf einem Blatt Papier zu ordnen, hatte schon im Vorfeld viel für mich klar gemacht, was ich vorher nicht bemerkt hatte. Schwester Ilses Rat, wie ich zuerst kurzfristig und später langfristig mit diesem Wust von Aufgaben umgehen könnte, klärte die letzten Fragen. Alles schien mit einem Mal verblüffend einfach und war für mich sofort nachvollziehbar: Ja, so würde es gehen. Als ich mich zerknirscht wunderte, warum ich nicht selbst auf diese nahe liegende Lösung gekommen war, sagte sie: »Manchmal ist man selbst zu nah dran, man sieht den Wald vor lauter Bäumen nicht. Dann tut es gut, einen Berater zu haben, der nicht selbst in dem Problem steckt, sondern es von außen betrachten kann.«

Berater helfen dabei, einen Überblick zu bekommen. Das können sie, weil sie Abstand haben. Sie brauchen aber ebenso den Mut zur Ehrlichkeit, den Mut, dem anderen ihre Sicht zuzumuten, ohne zu urteilen. Das Ziel dabei ist nicht »Besserwisserei«, sondern der ehrliche Wunsch, den anderen zu unterstützen. Und darum darf der Berater die Kunst des Zuhörens nicht aufgeben: Nur, wer wirklich zugehört hat, kann raten und auch die richtigen Fragen stellen. Denn die erste Aufgabe eines Beraters ist es oft, dem Ratsuchenden zu helfen, selbst etwas Abstand zu seinem Problem zu bekommen, und das geschieht durch Fragen, die dem anderen bei der Reflexion helfen.

Bitte versuchen Sie, die neun Punkte der Figur mit vier geraden, zusammenhängenden Strichen zu verbinden. Beim Zeichnen darf der Bleistift das Papier nicht verlassen. Die Lösung finden Sie auf S. 118.

```
0     0     0

0     0     0

0     0     0
```

Den Rahmen verlassen

Die meisten Menschen, die die Lösung des Rätsels suchen, scheitern daran, da sie annehmen, sie dürften zur Lösung den Raum der Punkte nicht verlassen. Aber diese Aufgabe ist nur dann zu lösen, wenn man genau das tut: den Rahmen verlassen und einen neuen Fixpunkt außerhalb des Vorgegebenen suchen.

Dies ist ein gutes Bild dafür, dass wir bei der Suche nach Lösungen über den gewohnten Rahmen unserer Gedanken hinausdenken müssen. Allein überschreite ich oft nicht den Bereich des Vertrauten, gehe unbewusst von Voraussetzungen und Bedingungen aus, die es zum Teil nur in meiner Vorstellung gibt. Unter diesen Umständen ist die Aufgabe nicht lösbar – ich muss den abgesteckten Rahmen verlassen, dann kann ich es schaffen. Ein Berater hat die Aufgabe, neue Gedanken ins Spiel zu bringen, den Rahmen meiner inneren Einschränkungen aufzubrechen und mir neue Horizonte zu eröffnen.

Manchmal sind wir so in unseren eigenen Gedanken und Vorstellungen gefangen, dass wir gar nicht mehr offen für Lösungsansätze sind. Das Ergebnis sind dann oft die berühmten »Ja-aber«-Gespräche. Ich schildere mein Problem, mein Gesprächspartner bietet mir eine Lösungsidee an, die ich aber nicht aufnehmen und durchdenken kann, sondern sofort außer Kraft setze: »Ja, in jedem anderen Fall wäre das möglich, aber hier …« »An sich eine gute Idee, aber …« »Das könnte man denken, aber …« Manchmal hilft da nur noch, sehr klar, sehr ehrlich und sehr deutlich zu werden. Die Voraussetzung dafür ist eine gute und achtungsvolle Beziehung, sonst wird aus dem Ratschlag ein »Rat-Schlag«.

Harte Liebe bei Berufsproblemen

Andreas Malessa

Was gibt es Schöneres für einen freiberuflichen Dienstleister, als wenn er mit seinen häufigsten Auftraggebern befreundet ist? Ich bin Fernsehmoderator und Hörfunkjournalist bei drei ARD-Anstalten. Bin nirgends fest angestellt. Habe kein Büro im Funkhaus. Werde per Zuruf angeheuert. Das aber fast regelmäßig. Jahrzehntelang war ich gewohnt, Ideen und Themen, Aufgabenstellungen und Vorgehensweisen in lockeren Privatgesprächen mit den Auftraggebern zu entwickeln. Am liebsten zu Hause oder in der Kneipe. Termine, Korrekturwünsche oder Kritik wurden am Handy diskutiert. Erfolge wurden gefeiert, Niederlagen wurden weggesteckt. Glanzleistungen wurden belobigt, Fehler wurden verziehen. Manuskripte, Radiobeiträge oder Fernsehsendungen entstanden in einer Atmosphäre gegenseitiger Wertschätzung und aus Freude an der Sache.

Durch gravierende organisatorische und personelle Umstruktu-

rierungen in einem der Sender rückte einer dieser angenehmen Menschen von mir weg. Nicht als Mensch und Freund, wohl aber als direkter Vorgesetzter und operativer Chef. Stattdessen arbeitete ich plötzlich für Leute, die mir Themen, Termine und Aufgaben fix und fertig mitteilten. Schriftlich. Im Befehlston. Korrekturwünsche und Kritik wurden nicht persönlich besprochen, sondern in Protokollnotizen und Konferenzrunden offiziell »zur Kenntnis gegeben«. Die Kommunikation und die Arbeitsabläufe waren politisch korrekt, aber eben nicht mehr warmherzig freundschaftlich. Alles wurde untadelig professionell, aber niemals kumpelhaft oder gar humorvoll. Unausgesprochen stand die Erwartung im Raum (oder ich bildete sie mir zumindest ein): Beweise, dass du auch ohne Freunde und Schutzpatrone gut bist. Dass du niemandes Günstling bist. Dass du zu Recht so oft engagiert wirst. Unausgesprochen waberte die Frage durchs Studio, so schien es mir jedenfalls: Mal sehen, ob er auch dann Qualität abliefern kann, wenn seine neuen Chefs nicht wirklich von ihm überzeugt sind ...

Ich war völlig von der Rolle. Ich war beleidigt. Ja, war ich denn ein milchgesichtiger 18-Jähriger bei der praktischen Fahrprüfung?! Hatte ich das nötig, dass mir jemand die Nase putzte?! Dann wieder ärgerte ich mich darüber, dass ich gekränkt war: »Stell dich nicht so an, rief ich mich zur Ordnung. Du hattest es luxuriös komfortabel, jetzt hast du es lediglich normal. Millionen Dienstleister können sich ihre Auftraggeber und Arbeitsbedingungen nicht aussuchen und müssen gelegentlich Staub fressen, um im Geschäft zu bleiben.«

Doch statt meinen Ärger in Energie umzuwandeln, wurde ich von Sendung zu Sendung schlechter. »Er kann es nicht, aber er ist nun mal da« – unter diesem Vorzeichen konnte ich es tatsächlich nicht besonders gut. Irgendwie erfüllt man immer die Erwartungen der anderen, selbst wenn es Negativerwartungen sind. Ich schlief schlecht, wachte wochenlang täglich um 4.00 Uhr auf, wälzte mich mit Racheplänen im Bett herum und besprach mit meiner Frau, ob ich den Bettel hinschmeißen sollte. »Wir können uns einschränken«, sagte sie, »ich will lieber weniger Geld und dafür einen fröhlichen Mann.« Aber noch eineinhalb Jahre lang hatte sie keinen sehr fröhlichen Mann.

Am Morgen nach einer besonders zähen Sendung rief mein bester Freund an. Nennen wir ihn in diesem Fall »Berater«.

»Hey, ich hab gestern jemanden im Fernsehen gesehen, der sah dir unheimlich ähnlich, hahaha. Du standest ja so was von neben dir!«

»Sehr zartfühlend, vielen Dank. Ich fand das Thema unausgegoren, mochte die Gesprächspartner nicht, sollte aber zeigen, dass ich gut bin.«

»Gestern warst du nicht gut, sorry.«

»Stimmt. Und das geht mir gegen die Berufsehre.«

Mein Freund schwieg zwei Sekunden am Telefon. Was selten vorkommt. Und sagte dann leise: »Jetzt kommense mal vom hohen Ross runter, Frau Prinzessin.«

»Das hat doch nichts mit hohem Ross zu tun! Ich kann mit dieser Missgunst nicht umgehen, die mir entgegengebracht wird. Ich will nur für Leute arbeiten, die mich auch wollen!«

Jetzt lachte mein Berater: »Ach, die Primadonna tritt erst auf, wenn der rote Teppich ausgerollt ist? Ne, ne, so nicht. Wann können wir uns sehen?«

Als er und seine Frau zu Besuch kamen, machten wir einen langen Winterspaziergang zu viert. Ich hatte in der Zwischenzeit versucht, artig allen zu gefallen. Hatte alles akzeptiert und alles genauso getan, wie es mir diktiert worden war. Vergeblich. Zufriedenstellen konnte ich damit keinen, denn Mikrofon und Kamera lassen sich nicht betrügen. Innere Distanz und Lustlosigkeit hat man in der Stimme, die stehen einem ins Gesicht geschrieben.

»Der Rektalzugang zum neuen Chef hilft nix«, sagte mein Berater, um ein populäres deutsches Vulgärwort zu vermeiden, »weil du ihn ja genauso wenig als kompetenten Vorgesetzten anerkennst wie er dich als qualifizierten Kollegen. Da seid ihr quitt.«

Jetzt erzählte ich davon, wie ich versucht hatte, meine Skeptiker zu bekämpfen. Ich hatte gebockt, hatte Absprachen ignoriert, war in Sitzungen polemisch geworden.

»Oho, hört, hört, ein Kanalarbeiteraufstand.«

Der frische Schnee knirschte unter den energischen Schritten. Unsere Frauen waren tempomäßig etwas zurückgefallen.

»Brachte aber nix«, gestand ich schnaufend.

»Doch. Eine weitere Verschlechterung des Betriebsklimas und viel bedauerndes Kopfschütteln, selbst bei denen, die bisher zu dir hielten! Stimmt's?«

Ich verfolgte meine Atemwolken in der klaren Winterluft und kam mir plötzlich sehr mutig und sehr trotzig vor.

»Dann steig ich eben aus. Scheiß auf die Kohle!«

Mein »Berater« – obwohl wir selbst dieses Wort nie gebrauchen, er ist schließlich zehn Jahre jünger als ich – sagte nichts, bis wir auf einer Anhöhe standen. Dann kam eine Art Bergpredigt:

»Halblang. Keine selbstmitleidigen Märtyrerposen, bitte. Warum willst du freiwillig auf den Scheiterhaufen springen? Du wirst ja nicht wirklich gemobbt, sondern lediglich nicht gefragt. Es gibt Leute, die denken streng hierarchisch und betrachten dich nicht als ihren kreativen Kumpel, sondern als ihren untergeordneten Dienstleister, basta. Die trennen private Freundschaft und berufliche Kooperation haarscharf voneinander. Die sehen nicht ein, wieso man dich erst lieben soll, bevor man von dir eine gute Leistung kriegt. So ein rein kollegiales statt freundschaftliches Verhältnis, so eine latente Geringschätzung statt offener Wertschätzung, ist nichts Unnormales. Es ist nicht so schön, wie es mal war, aber auch nicht so schlimm, wie du es jetzt machst.«

Beide Frauen – auch meine – stimmten ihm zu wie zwei schwarze Gospelladys, die ihren Pastor mit »Amen« und »Halleluja« anfeuern. Ich blieb skeptisch:

»Und was heißt das konkret?«

»Konkret heißt das: Akzeptiere ihre Spielregeln. Verabschiede dich von der Erwartung, wegen früherer Erfolge wertgeschätzt zu werden. Mach dir klar, dass du jetzt immer nur so gut bist, wie du es in der vorigen Sendung warst. Es gibt keine Lorbeeren für früher und es gibt keine Lorbeeren auf Vorschuss. Beweisen musst du dich jedes Mal neu. Und prahle nicht damit, wie vertraut und ver-

traulich es in anderen Häusern zugeht! Du schürst nur den Neid der Kollegen auf deine Beziehungen. Und wenn dir der Hals auf Größe 180 schwillt, dann mach Vorschläge statt Vorwürfe!«

Wir kehrten um und gingen talwärts.

»Und was soll das bringen?«

»Erleichterung für deine Auftraggeber und Kollegen. Die missgelaunten neuen und die befreundeten alten.«

»Ich will aber Erleichterung für mich.«

»Gibt's im Moment nicht.«

Keiner von uns nennt solche Gespräche wie diese »Mentoring« oder »Coaching« oder Ähnliches. Wir sind Freunde, nehmen am Ergehen des anderen intensiv Anteil und sagen uns, was wir sehen. Es hat vergleichbare, manchmal sogar dramatischere Situationen bei meinem Freund gegeben, da war ich für ihn der rettende Küchenpsychologe im richtigen Moment. Ob wir uns lehrbuchmäßig »richtig« beraten, wissen wir nicht, weil wir keine Coaching-Lehrbücher besitzen. Aber das Prinzip Martin Luthers »Dicit quod res est« – sagen, was Sache ist – finden wir für uns beide richtig. Denn eine »harte Liebe«, wie Franziskanermönch Richard Rohr es einmal nannte, hilft uns erfahrungsgemäß mehr als butterweiches Mitgefühl oder allzu empathische Solidarität.

Das Ergebnis dieses Spaziergangs darf man wohl einen Befreiungsschlag nennen: Gerade, als ich meine innere Haltung geändert und mich mit der »political-correctness«-Kälte im Sender abgefunden hatte, gab mein hartnäckigster Kritiker die Verantwortung für unsere gemeinsamen Projekte ab und bekam einen anderen Dienstbereich. Aus manch grimmigem »Dienst nach Vorschrift« wurde bei mir wieder Spaß an der Sache. Aus mancher vorschriftsmäßig beruflichen Zwangsehe wurde wieder kreativ-freundschaftliche Teamarbeit.

Vielleicht kann man es positive »Küchentischpsychologie« nennen: Wir kamen verfroren heim, zündeten den Kamin an, die Damen schoben Apfelstrudel in den Backofen und während einer wunderbaren DVD machten wir zwei wunderbare alte Barolos nieder. Der von uns allen geschätzte amerikanische Satiriker Mark

Twain hat mal gesagt: »Jeder ist dein Freund, wenn du recht hast. Aber wer bleibt dein Freund, wenn du unrecht hast?«

Wenn ich mit meinem Gegenüber spreche, dann geht es nicht ums »Rechthaben«. Auch nicht darum, ihm mal »den Kopf zu waschen«. Mein Ziel sollte es sein, meinem Gesprächspartner, wenn möglich, durch das, was ich gehört, gesehen und gefühlt habe, zu helfen, sich über die eigenen Gedanken, Gefühle und Ziele klar zu werden. So kann ich beraten, ohne meine eigene Sichtweise überzustülpen.

Kapitel 6

Dem Leben Richtung geben: konkrete Ziele finden

Von Wünschen, Absichten und Zielen

Beratung muss aus dem Zuhören erwachsen. In vielen Fällen reicht es aus, einfach nur aufmerksam auf das zu hören, was ein Mensch sagt, und gemeinsam auf Gott zu hören, damit dieser Mensch seine eigenen Lösungen findet.

Jetzt geht es von der Theorie in die Praxis, zum Entdecken der Ziele und zu ihrer Umsetzung. Als Berater müssen wir nicht alle Wege kennen, alle Ziele definieren und die Umsetzung übernehmen. Aber wir sind als Gegenüber da, reflektieren, steuern unsere Sicht als Außenstehende und oft auch unser Wissen und unsere Erfahrungen bei.

Beratung hat dabei häufig als Erstes die Aufgabe, zu helfen, Wünsche und Ziele voneinander zu unterscheiden, denn das tun wir Menschen viel zu oft nicht. Eines ist dabei besonders wichtig: Wir erreichen nur konkrete Ziele. »Ich wäre gern eine bessere Mitarbeiterin«, oder: »Ich sollte eine bessere Mutter sein«, sind Wünsche, vage Hoffnungen, aber keine Ziele. Sie sind so global, dass man nur schwer überprüfen kann, ob sie erreicht sind. Und es fehlen konkrete Schritte zur Umsetzung. »Ich möchte mit meinen Erfahrungen und Lebensumständen in meiner Umgebung stärker zur Geltung kommen«, ist noch schwieriger, weil die Erfüllung dieser Hoffnung von anderen abhängt und von mir nur bedingt beeinflusst werden kann.

Ein Wunsch ist etwas, was ich gern hätte – ohne dass mich der Wunsch bewegen müsste, deshalb unbedingt etwas zu unternehmen. Ich könnte mir zum Beispiel wünschen, ich wäre ein wenig selbstbewusster, ich könnte mir aber auch wünschen, fliegen zu können ...

Eine Absicht zu haben bedeutet schon, selbst beteiligt zu sein. Ich möchte zum Beispiel etwas dafür tun, selbstbewusster zu werden.

Viele Absichten werden aber nicht umgesetzt, weil sie zwar das gewünschte Endergebnis beschreiben, aber nicht den Weg dorthin. Was kann ich denn eigentlich tun? Was spricht dagegen, liegt es in meinen Möglichkeiten? Wenn diese Fragen nicht geklärt werden, bleibt es oft nur bei Absichtserklärungen.

Ein Ziel ist so etwas wie eine klare Richtungsanweisung für mein Handeln, wie ein Leuchtturm, an dem ich mich orientiere: Da will ich hin. An diesem »Leuchtturm« kann ich immer wieder überprüfen, ob ich noch in der richtigen Richtung unterwegs bin.

Wenn sich jemand vernünftige, sinnvolle und miteinander vereinbare Ziele gesteckt hat, sollte er alles daran setzen, sie zu erreichen. Welche konkreten Schritte möchte derjenige unternehmen? Was wird er bis wann wie tun?

Um ein Ziel zu erreichen, muss man planen. Nicht einfach nur mal so versuchen, irgendwie in die richtige Richtung zu gehen. Wichtig ist auch, sich nicht vom ersten Misserfolg umwerfen zu lassen. Hätten wir dieselben Prinzipien, die wir oft für das Erreichen von Zielen anwenden, beim Laufenlernen benutzt, würden die meisten Menschen immer noch krabbeln.

In der Motivationspsychologie gibt es ein hilfreiches Modell zur Definition von Zielen: SPEZI.

S P E Z I – zur Abklärung und Überprüfung meiner Ziele

Ein Ziel ist:
 S innlich wahrnehmbar (ich muss es mir konkret vorstellen
    können),
 P ositiv formuliert (also kein negatives Vermeidungsziel),
 E igeninitiativ erreichbar (jeder muss sein Ergebnis aus eigener
    Kraft erreichen können),
 Z usammenhangspezifisch formuliert (der Zusammenhang,
    in dem das Ziel erreicht werden soll, muss definiert werden),
 I ntentionserhaltend (Probleme bei der Umsetzung sagen häufig
    etwas darüber aus, was wir eigentlich erreichen oder verhindern

wollen; ich muss mir dessen bewusst werden und überlegen, was ich – vielleicht bewusst, vielleicht unbewusst – will, und wie ich diese Ziele oder Ängste in meinem neuen Ziel berücksichtigen kann).

S innlich wahrnehmbar:

Um ein Ziel erreichen zu können, sollte ich mir vorstellen können, wie es sein wird, wenn ich es erreicht habe. Beispielziel: Bei der nächsten Gelegenheit, bei der man mich nach meiner Meinung fragt, will ich ehrlich antworten. Wie genau will ich mich verhalten? Kann ich mir meine neuen Reaktionen klar vorstellen? Was werde ich hören, sehen, riechen, fühlen ...?

P ositiv formuliert:

Oft formulieren wir, was wir vermeiden, nicht, was wir erreichen wollen. So bin ich aber im Grunde immer noch am Alten orientiert. Wir sollten uns an das Beispiel des Paulus halten: *Ich lasse alles hinter mir und sehe nur noch, was vor mir liegt* (Philemon 3,13; GN). Es geht mehr um die Einübung neuen Verhaltens als um die Unterdrükkung des alten. Also nicht: »Ich will nicht mehr so schüchtern sein«, sondern: »In der und der Situation werde ich mich so und so verhalten.«

E igeninitiativ erreichbar:

Oft setzen wir uns Ziele, deren Erreichen nicht in unserer Macht liegt. Immer, wenn mein Ziel beinhaltet, dass ein anderer Mensch oder die Umstände sich ändern, begebe ich mich auf fremdes Territorium. Nehmen wir das Ziel: »Ich will erreichen, dass X mir zuhört.« Ob das je geschieht, hängt allein von X ab. Um etwas zu verändern, müssen wir bei uns anfangen. Möglicherweise könnte ich so vorgehen: Ich stelle mir Fragen wie: »Was will ich X eigentlich genau vermitteln? Was in meinem Verhalten trägt dazu bei, das X und ich uns nicht verstehen? Was habe ich bisher mit welchem Erfolg getan oder unterlassen? Was hat sich positiv ausgewirkt und sollte intensiver versucht werden? Was habe ich noch nie getan? Welche Möglichkeit sollte ich ausprobieren?« Aus solchen Fragen kann ich ein Ziel entwickeln, dass auch von mir zu erreichen ist in Bezug auf die Situation.

An dieser Stelle können wir Christen übrigens eine Grenze der Motivationspsychologie überwinden: Manches, was ich eigeninitiativ nicht schaffen kann, kann »gottesinitiativ« erreicht werden. Allerdings glaube ich, dass es oft weder sinnvoll ist, Gott zu bitten, den Geist meines Nächsten zu erleuchten und ihm zu zeigen, wie die Sache wirklich aussieht, noch Predigten für die anderen anstatt für mich zu hören. In diesem Zusammenhang sollten wir immer an die Geschichte mit den Splittern und den Balken denken und lieber bitten: »Herr, erleuchte meinen Geist ...«

Z usammenhangspezifisch formuliert:

Ein Ziel sollte möglichst in kleine Schritte unterteilbar sein. Wohin will ich letztendlich, was ist deshalb mein nächster Schritt? Wann, in welchen Situationen wird diese Entscheidung zuerst spürbar werden? Wo und wie kann ich üben, welche Fähigkeiten kann ich nutzen? Wer kann mich unterstützen, wer wird eventuell in die Gegenrichtung arbeiten? Welche Konsequenzen nehme ich in Kauf?

I ntentionserhaltend:

Wenn ich Probleme bei der Umsetzung meiner Ziele habe, gibt es irgendwo ein Hindernis (und das heißt übersetzt »eine zu lösende Aufgabe«). Hier stellt sich die Frage, worin das Hindernis genau besteht und welche Aufgabe in ihm liegt. Was habe ich bisher davon »gehabt«, mein Problem nicht zu lösen oder mein Ziel nicht zu erreichen? Meist hat auch das seltsamste Verhalten einen guten Grund, also eine »Intention«. Ein Beispiel: Ein Mensch hat eigentlich das Ziel »Ich will sagen, was ich denke«, erlebt aber immer wieder, dass es nicht klappt. Wenn er über die Gründe dafür nachdenkt, merkt er vielleicht: »Ich schaffe es nicht, weil ich andere nicht verletzen und selbst nicht verletzt werden möchte.« Ich muss bei der Formulierung meines Zieles also überlegen, wie ich meine inneren Widerstände ernst nehmen kann und wie ich zum Beispiel eine Absage ehrlich formulieren kann und doch so, dass sie nicht verletzend ist.

Wenn ich in die Situation komme, dass andere Menschen einen Rat von mir möchten, ist es wichtig, zuerst einmal zu klären, wie genau das Problem aussieht und welche Wünsche oder Ziele der Ratsuchende hat.

Mein Ziel – Gottes Ziel?

Abschließend ist noch folgende Frage hilfreich: Wohin führt das, was ich erreichen will? Was werde ich und/oder andere dadurch gewinnen? Passt es zu dem, was ich von Gott als Geschenk erhalten habe?

Im Epheserbrief ist der Weg der Veränderung eindrucksvoll beschrieben: *Dass ihr, was den früheren Lebenswandel angeht, den alten Menschen ablegt, der sich durch trügerische Gier zugrunde richtet, stattdessen erneuert werdet in eurer Gesinnung und den neuen Menschen anzieht, der nach Gott geschaffen ist in Gerechtigkeit und Heiligkeit der göttlichen Wirklichkeit* (Epheser 4,22-24; Bruns).

Die Bibelstelle beschreibt folgende Schritte:

Ablegen – Neuwerden – Anlegen

Dieser Weg gilt für die Wiedergeburt, aber auch für alle Formen von Wachstum und zielorientierter Entwicklung.

Ziele erreichen bedeutet: das Alte loslassen, meine Richtung immer wieder neu am Ziel messen, loslaufen, fallen, aufstehen, wieder loslaufen – bis es geht. Um unsere Ziele zu erreichen, müssen wir sie immer wieder ansteuern.

»Gesagt ist noch nicht gehört. Gehört ist noch nicht verstanden. Verstanden ist noch nicht einverstanden. Einverstanden ist noch nicht angewandt. Angewandt ist noch nicht beibehalten.« – so hat es Konrad Lorenz formuliert. Um ein Ziel vom Kopf in den Alltag zu bringen, brauche ich den Mut zu kleinen, überschaubaren Schritten.

In vielen Begegnungen, die im Neuen Testament beschrieben werden, wird deutlich, wie viel Wert Jesus auf klare Entscheidungen und damit auch auf klare Zielsetzungen gelegt hat. Der reiche junge

Mann, der aufgefordert wird, seine Prioritäten zu klären, die Jünger, die ihr altes Leben einfach liegen lassen, die Kranken, die Jesus fragt: »Willst du gesund sein?« – sie alle erleben Veränderungen erst nach einer klaren inneren Zielsetzung.

Willst du gesund werden?

Willst du gesund werden,
oder willst du weiterhin fiebern
nach Geld, nach Einfluss, nach Macht,
nach Besitz, nach Vergnügen, nach Lust?
Willst du selbstständig werden,
oder willst du weiterhin abhängig bleiben
von deiner Erziehung, deinen Wünschen,
von deinen Trieben, der Meinung deiner Nachbarn,
von deiner Zeitung, deiner Partei?
Willst du gesund werden?
Dann steh auf, nimm deine Matte und geh!

Aus Josef Dirnbeck/Martin Gut:
Ich weiß, wem ich glaube. Meditationstexte. styria-verlag

Wenn ich um meinen Rat gebeten werde, muss ich klären, welches Ziel mein Gegenüber wirklich erreichen will, und was er bereit ist, dafür einzusetzen.

Ich möchte Situation X verändern, also sollte ich folgende Schritte gehen:

1. Gespräch mit Gott: Um was geht es mir? Aber auch: Um was geht es dir, Gott?
2. Realistische Ziele setzen: Was will ich erreichen? Ist es möglich?
3. Arbeitsorganisation: Planung, Zeitmanagement
4. Selbsthilfe: Was muss ich tun? Was kann ich tun?
5. Unterstützung: Welche Absprachen sind nötig, wie kann ich Freunde/Familie miteinbeziehen?

Wichtig: Das Gespräch mit Gott und Menschen ist die Grundlage aller Schritte. Wenn das Ziel nicht erreicht wird und die Aufgabe schwierig bleibt, kann eine veränderte Herangehensweise eventuell die Situation verbessern. Also muss man sich zurück an den Start begeben, mit Gott und Menschen sprechen, ein verändertes oder neues Ziel setzen, planen etc.

Arbeite so, als ob alles Beten nichts nützt. Bete, als ob alles Arbeiten umsonst ist.

Martin Luther

Zielorientiertes Handeln muss überprüfbar sein. Wie kann man prüfen, ob man dem Ziel näher kommt oder nicht? Nicht immer ist das so leicht festzustellen wie beim Abnehmen: Da sagt die Waage, wie erfolgreich man ist. Man sollte überlegen, wie man die Fortschritte überprüfen kann. Rückmeldung von anderen einholen ist da oft ein guter Tipp. So wird man anfangen, nach und nach das Verhalten konkret zu verändern.

Zielorientiert zu handeln müssen wir lernen. Berater helfen dabei, ohne ihr Gegenüber durch unrealistische Vorschläge zu entmutigen.

Denken Sie über Ratgeber nach, die Sie in der Vergangenheit begleitet haben. Welche Situationen fallen Ihnen ein, in denen Sie mit gut gemeinten Ratschlägen nichts anfangen konnten? Woran lag das? Was passte nicht zusammen, was waren Hindernisse in Ihnen, wo lagen Hindernisse in der Art des Ratgebens?

Welche Situationen fallen Ihnen ein, in denen Ihnen ein Rat wirklich weitergeholfen hat? Warum konnten Sie diesen Rat annehmen und umsetzen? Was hat Ihr Ratgeber »richtig« gemacht, was war bei Ihnen als Voraussetzung vorhanden?

Was können Sie aus diesen Erinnerungen lernen?

Übung

Kapitel 7

Begleiten und Helfen:
»Einer trage des anderen Last«

Eine Kultur der gegenseitigen Fürsorge

Begleiten ist mehr als Beraten. Begleiten findet gerade auch im Alltag und in der Gemeinde statt. Seelsorge beschränkt sich oft nicht auf ein Gespräch. Manches Problem dauert an: Da braucht man Menschen mit einem langen Atem. Begleitung geschieht aber nicht nur durch Worte, sondern auch durch Taten.

Einer trage des andern Last, so werdet ihr das Gesetz Christi erfüllen, heißt es im Galaterbrief Kapitel 6, Vers 2. Was soll ich darunter verstehen? Als von Gott Getragene lernen wir, einander zu (er)tragen, statt einander zu erschlagen, etwa mit guten Rat-Schlägen oder Schlag-Worten. Jesus beschreibt hier eine Kultur der echten gegenseitigen Fürsorge.

Wir alle tragen irgendwelche Lasten mit uns herum: körperliche oder seelische, gesundheitliche, berufliche, familiäre. Manchmal tragen wir auch Lasten für andere, wenn zum Beispiel jemand zu Hause oder im Seniorenheim zu betreuen oder zu pflegen ist, wenn wir uns mit Krankheit oder Tod anderer Menschen auseinandersetzen müssen. Es kann vorkommen, dass so eine Last nur über eine kurze Strecke »geschleppt« werden muss. Manchmal trägt ein Mensch aber auch über lange Zeit schwere Lasten. Da wäre dann auch eine Langzeitbegleitung nötig, ein Mensch, der bereit ist, auch über einen langen Zeitraum hinweg mit auszuhalten, dass eine Situation sich nur wenig oder gar nicht verändert. Nicht selten macht man dabei die Erfahrung, dass der Umwelt irgendwann die Luft ausgeht und dass die Menschen anfangen, sich zurückzuziehen. Der Aufbau einer tragfähigen Beziehung und die langfristige Begleitung im Alltag gehören auch zur Seelsorge.

Die Dackel-Gang

Gertrude Münster

Wissen Sie, was ich mir wirklich in unserer Gemeinde und darüber hinaus wünschen würde? Dass die Sache mit dem gegenseitigen Lastentragen tatsächlich umgesetzt würde. Ich habe neun Jahre lang meine Mutter gepflegt. Zum Glück war ich selbst schon Rentnerin, sonst wäre das nicht gegangen als alleinstehende Frau. Mutter war dement, was bedeutete, dass ich sie nicht allein lassen konnte. Für jeden Einkauf, jeden Besuch, jeden Gottesdienst brauchte ich einen »Muttersitter«. Am Anfang hatte ich noch Kontakte, auch Leute, die uns besucht haben oder uns einluden. Aber nach und nach wurden wir wohl immer anstrengender für andere Menschen und Besuche und Kontakte nahmen ab. Ich schaffte es aber auch nicht, von mir aus Kontakt zu halten, und so wurde ich immer einsamer. Zwar haben zwischendurch immer wieder Leute gesagt, dass sie mich bewundern, wie ich das alles schaffe. Aber es wäre besser gewesen, wenn sie gefragt hätten: »Kann ich dir helfen?« Ich war auch nicht gewohnt, um Hilfe zu bitten, so kam dann eins zum anderen.

In der Gemeinde war ich immer seltener, einerseits, weil ich Mutter nicht allein lassen konnte, andererseits fühlte ich mich irgendwann isoliert. Denn wenn man nicht mehr regelmäßig auftaucht, ist man bald aus allen Beziehungen herausgefallen. Dann meldete sich der Pastor zum Hausbesuch an. Ich bin fast aus allen Wolken gefallen, als er mich fragte, warum ich denn so selten in der Gemeinde wäre. Ich dachte, das müsste doch jedem klar sein, aber das war nicht so. An diesem Nachmittag erlebte er live, warum ich nicht kam: Meine Mutter saß mit uns am Tisch, griff nach allem, was da lag, weinte, lachte, redete mit Worten, die wir nicht verstehen konnten, stand auf und räumte die Sachen auf dem Regal her und hin … Am Ende des Besuches betete er mit mir um Kraft. Aber auch er bot mir keine Hilfe an.

Dieser Besuch hat mich eher ratlos gemacht, als mich zu trösten. Ich fühlte mich sehr allein gelassen, war mir aber gleichzeitig darüber klar, dass ich ja auch gar nicht erwarten konnte, dass mir jemand half, und dass ich mir wohl selbst helfen musste. Schließ-

lich hatte der Besuch des Pastors doch sein Gutes: Er sprach zwei Frauen aus dem Seniorenkreis an, schilderte ihnen unsere Situation und fragte, ob sie nicht mal bei mir vorbeigehen könnten, um zu sehen, ob die Gemeinde mich irgendwie unterstützen könnte. Die Jugendlichen in der Gemeinde nennen die beiden liebevoll »die Dackel-Gang«, weil sie ihre Dackel heiß und innig lieben und viel von ihnen erzählen. Es sind Frauen, die lieber zupacken, als viele Worte zu machen.

Kurz darauf besuchten sie mich zum ersten Mal. Wir tranken Kaffee, meine Mutter mümmelte glücklich an einem Stück Kuchen, räumte wieder einmal alles hin und her, aber die beiden ließen sich davon nicht aus der Ruhe bringen. Als sie hörten, wie angebunden ich daheim war, boten sie mir an, mich einmal pro Woche zu Hause zu vertreten, damit ich etwas Zeit für mich selbst zur Verfügung hatte. Zögernd nahm ich ihr Angebot an, nicht ganz sicher, ob sie mit meiner Mutter fertig werden würden. Aber am nächsten Donnerstag kamen sie mit frisch gebackenem Kuchen und Kaffee im Korb, setzten sich mit meiner Mutter an den Tisch, achteten nicht darauf, ob sie den Kuchen mit den Fingern zerkrümelte und den Kaffee verschüttete, sangen mit ihr die alten Kirchenlieder, die Mutter alle mitsingen konnte, auch wenn sie keinen klaren Satz mehr sagen konnte, beteten mit ihr und passten auf sie auf. Ab da kamen sie jede Woche. Und ich konnte in Ruhe einkaufen, sogar in ein Café gehen, mich mit Bekannten treffen und frisch gestärkt wieder heimkommen. Sie vermittelten mir den Kontakt zu einer Selbsthilfegruppe für die Angehörigen von Alzheimerbetroffenen, sie erzählten mir, was in der Gemeinde geschah.

»Einer trage des anderen Last« – das habe ich erlebt. Inzwischen ist meine Mutter verstorben. Nun sind wir drei Frauen in der »Dackel-Gang«, die es als Auftrag sehen, die zu besuchen und zu unterstützen, die in der Gemeinde Hilfe brauchen. Ich merke, wie gut mir das tut!

»Einer trage des anderen Last« – das ist einerseits eine Frage der inneren Einstellung, andererseits eine Frage der Tat: Wir sollten so miteinander umgehen, dass man weiß, dass einer auf den anderen angewiesen und einer für den anderen da ist,

Kapitel 8

Unterstützen in Krisenzeiten

Auch Glaubenshelden geraten in die Krise

»Krise«: vom altgriechischen Verb krínein abgeleitet, welches »trennen« und »(unter-)scheiden« bedeutet. Der Duden definiert Krise als »(Ent-)Scheidung«, »entscheidende Wendung«, die eine »schwierige Situation, Zeit und/oder den Höhe- und Wendepunkt einer gefährlichen Entwicklung darstellt«.

Manche Krisen sind schnell wieder vorbei. Doch andere dauern lang und bringen einen betroffenen Menschen bis an die Grenzen seiner Belastbarkeit. Krisen entstehen ja gerade da, wo ein Mensch nicht das Gefühl hat, etwas ändern zu können, oder wo auch wirklich eine Situation ausgehalten werden muss, die nicht zu verändern ist.

Wir Menschen haben alle ein gewisses Repertoire an Strategien, mit denen wir die Probleme unseres Lebens lösen und mit Belastungen umgehen. Der Eine beißt in schwierigen Zeiten die Zähne zusammen, die andere wird ängstlich und versucht, sich abzusichern. Der Dritte sucht sich Hilfe, der Vierte zieht sich zurück, der Nächste betet zu Gott, ein anderer schimpft auf ihn. In den meisten Situationen unseres Lebens helfen uns unsere gewohnten Strategien, mit dem Leben klarzukommen. Aber manchmal bietet uns das Leben auch Nüsse, die schwer zu knacken sind und die wir mit unseren gewohnten Methoden nicht einfach so bewältigen.

Elia zum Beispiel war ein Kämpfer, der sich ganz auf Gott verließ. Er machte immer wieder die Erfahrung, dass Gott ihn herausforderte, aber auch trug. Er stellte sich den Schwierigkeiten und meisterte sie. Doch nach einem weiteren gewonnenen Kampf, in dem er wirkliche Wunder erlebt hatte, warf ihn die Drohung einer mächtigen Frau plötzlich so aus der Bahn, dass er verzweifelt in die Wüste flüchtete, sich in den mageren Schatten eines Strauches fallen ließ und verzweifelt betete: »Herr, lass mich sterben, ich bin nicht besser als meine Väter!«

Dr. Hans-Ruedi Pfeifer vergleicht solche Situationen mit einem Fluss, der über die Ufer tritt:

»Die Leistungs- und Stressfähigkeit des Menschen ist vergleichbar mit der Kapazität eines Flussbettes. Es gibt Menschen mit einem breiten Flussbett und andere mit einem schmaleren. Man nennt diese Kapazität die inneren Ressourcen. Wenn diese längerfristig überbeansprucht werden, bricht der Damm an einer Schwachstelle. Es kommt zu Überschwemmungen. Das eigene Flussbett reicht nicht mehr aus. Dann müssen äußere Ressourcen genutzt werden. Es braucht Sandsäcke, Pumpen und Fachwissen. Ziel ist die Begrenzung des Schadens. Sobald das Wasser zurückgegangen ist, können für die Zukunft zusätzliche Dämme und Flussauen angelegt werden.«

Elia hatte sicherlich viele innere Ressourcen, aber in dieser Situation waren sie erschöpft, und auch sein Glaube und die vielen guten Erfahrungen, die er mit Gott gemacht hatte, trugen ihn jetzt nicht weiter. Heute würde man so etwas »Burnout« oder Erschöpfungsdepression nennen. Die Erfahrung Elias, dass in einer solchen schwierigen Zeit vergangene Erfahrungen nicht mehr tragen, ist sehr typisch. Krisen betreffen alle Bereiche unseres Lebens: unsere Werte, unsere Leistungen und die Leistungsfähigkeit, unsere Beziehungen, unseren Glauben, unsere Gesundheit.

Begleiter in der Krise

Die Bibel erzählt, wie Elia von Gott begleitet wurde. Er schickte ihm einen Engel, aber nicht, um ihn sofort mit neuer »Instantkraft« zu erfüllen. Elia sollte gar nicht als Stehaufmännchen weitermachen wie bisher. Der Engel fing auch nicht an, Elia Vorhaltungen zu machen, dass er nicht vertrauensvoll genug war. Nein, die Aufgabe des Engels war ganz anderer Art: Er wurde zu einem stillen Begleiter.

- Bei seinem ersten Besuch brachte er Elia Wasser und Brot, dann ließ er ihn ausschlafen.

- Auch bei seinem zweiten Besuch versorgte er ihn, hörte ihm zu, ließ ihn aber sonst in Ruhe.
- Beim dritten Besuch, als Elia Zeit genug zum Rückzug in den Schlaf gehabt hatte, brachte er ihn buchstäblich in Bewegung und forderte ihn auf, zum Ort seiner ersten Begegnung mit Gott zu laufen und ihm dort ganz neu zu begegnen.

Eigentlich ist das ein gutes Vorbild für »Krisenbegleiter«:
- Ich erkenne an, dass ein Mensch in der Krise meist am Rande seiner Kräfte steht und nicht in der Lage ist, sofort und selbst in die richtige Richtung aktiv zu werden. Er braucht ein Gegenüber, das ihn nicht zusätzlich überfordert, sondern versucht, ihn zu begleiten, zu sehen, ob er mit dem Nötigsten versorgt ist, zur Ruhe ermutigt und, wo möglich, Lasten reduzieren hilft. Ich biete gemeinsames Gebet an, ich bete für den anderen, wenn er nicht mehr beten kann oder will. Ich verstehe, dass Menschen in Krisen oft auch in eine Glaubenskrise kommen, und versuche nicht, mein Gegenüber mit frommen Worten zu erschlagen, sondern halte seinen Zweifel mit aus und bringe ihn vor Gott. Ich biete keine mageren Erklärungen an für Dinge, die ich selbst nicht verstehe, sondern sage ehrlich, wenn ich auch nicht weiß, warum etwas so geschieht, wie es geschieht. Und ich vermittle, dass ich trotzdem daran glaube, dass niemand von Gott verlassen ist.
- Ich höre zu, bin da, arbeite mit an Ideen zur Lösung der Krise, aber ich dränge dem anderen nicht meine Lösungen auf. Dem, der nicht mehr glauben kann, mache ich keine Vorwürfe, sondern ermutige ihn, ehrlich über seine Gefühle zu sprechen. Ich unterstütze, wo es nötig ist, nehme aber nicht mehr Verantwortung auf mich, als ich auch tragen kann. Für Helfer ist es sehr wichtig, immer im Kopf zu behalten, dass wir nur Begleiter, aber keine Retter für andere sein können! Diese Rolle gebe ich immer wieder ganz bewusst an Gott ab. Wie der Seelsorger Willy Weber es treffend formulierte: »Die Stelle des Retters ist seit mehr als 2 000 Jahren besetzt – und das nicht mal schlecht!«
- Ist ein Mensch in einer Krise erst einmal so weit, wieder richtig

zuhören und auch handeln zu können, versuche ich, innere und äußerere Bewegungen zu unterstützen. Vielleicht biete ich an, gemeinsam spazieren oder schwimmen zu gehen, vielleicht ermutige ich, wieder mit in eine Gruppe, den Gottesdienst, ein Café zu gehen. Und ich ermutige dazu, Ideen zur Lösung auszuprobieren, sich, wenn nötig, professionelle Hilfe zu suchen und sich ehrlich, mit allen Gefühlen, aller Trauer, aller Wut direkt an Gott zu wenden und wieder mit ihm ins Gespräch zu kommen.

Eine Krise ist eine Zeit im Leben eines Menschen, in der seine normalen Bewältigungsstrategien nicht mehr funktionieren, aber noch keine anderen zur Verfügung stehen. Das ist nicht nur für den Betroffenen schwer, sondern auch für den Begleiter. Denn eine solche Situation fordert nicht nur viel Geduld, sondern konfrontiert mich auch manchmal mit meiner eigenen Hilflosigkeit, weil meine Hilfe eben nicht sofort zu einer Verbesserung führt, sondern nur dazu, eine schwere Situation mitzutragen. Elia kam schließlich wieder zu Kräften und begegnete Gott ganz neu. Doch die Situation hatte sein Leben grundlegend verändert. Er kehrte in seine alte Aufgabe als Prophet nur noch zurück, um seinen Nachfolger zu bestimmen.

Zum Nachdenken:

Denken Sie darüber nach, welche Krisen Sie in Ihrem Leben bewältigt haben.
Wie sind Sie in diese Krisen geraten?
Haben Sie einen »Dammbruch« erlebt oder eher »Hochwasser«?
Welche Möglichkeiten hatten Sie, in Krisen zu wachsen? Was hat sich in Ihrem Leben durch Krisen verändert?
Wer hat Ihnen geholfen?
Was hat Ihnen geholfen?
Was haben Sie selbst getan?
Wie haben Sie Gott erlebt?
Haben Sie in dieser Zeit neue Perspektiven und Chancen entdeckt? Wenn ja: welche?

Krisen können uns wirklich weiterbringen, neue Perspektiven eröffnen und dafür sorgen, dass wir mit alten, nicht mehr passenden Strategien der Lebensbewältigung und alten Gottesbildern aufräumen, auch, wenn man das in einer Krise meist noch nicht so sehen kann. Krisen sind aber auch Anfragen an die Gottesbilder und Lebensstrategien der Begleiter, denn in der Auseinandersetzung mit einem Menschen in einer Notsituation werden auch meine nicht tragfähigen Bilder entlarvt und ich werde mit meinen eigenen Strategien und ihren Grenzen konfrontiert.

Krisen können schnell verarbeitet werden, sie können aber auch sehr lange andauern und das Leben von Menschen über eine längere Zeit überschatten. Und manche Krisen scheinen immer wieder zu kommen: Schwere Erkrankungen, langandauernde Schmerzen oder das fortwährende Leben über die eigenen Kräfte, ein schwer zu verwindender Verlust oder auch eine seelische Störung können Auswirkungen haben, von denen wir Menschen uns eben nicht »einfach so berappeln«. Und manchmal werden die Lebensumstände zu einer fast endlos scheinenden Krise: Die Pflege eines Angehörigen oder auch ein Kind mit herausforderndem Verhalten verändern das ganze Leben. Nicht selten verliert der Betroffene immer mehr Kontakte, weil er oft nicht mehr in der Lage ist, viel für ihren Erhalt zu tun und weil es auch für Freunde und Begleiter schwer ist, wenn eine Belastung nicht schwindet, sondern bleibt.

Den langen Atem, einen Menschen auch in einer anhaltenden Leidenssituation weiter zu begleiten, haben nicht viele. Deshalb erleben Menschen, die auf Dauer in einer schlimmen Situation »feststecken«, auch häufig, dass sie immer weiter vereinsamen.

Krisen und professionelle Hilfe

Erinnern Sie sich noch an das Bild vom Fluss, der über die Ufer tritt? Manchmal reichen die eigenen Ressourcen, also mein Glaube, meine Werte, meine Bewältigungsstrategien, um den Schaden wieder in Ordnung zu bringen; am Ende hat man vielleicht sogar einen besseren »Flussbettverlauf«. Manchmal genügt »Nachbarschaftshilfe«, also die hier beschriebene Seelsorge am Küchentisch, Alltagsunterstützung und gemeinsames Gebet, um genug Sandsäcke zusammenzutragen und eine schwere Krise zu überstehen. Doch hin und wieder braucht es Profis, die sich mit Krisen auskennen. Das können ausgebildete Seelsorger sein, Fachärzte oder auch Psychologen. Manchmal wird so getan, als hätten wir als Christen es nicht nötig, uns von Profis helfen zu lassen. Aber das ist eine gefährliche Form des Hochmuts, denn wenn aus einer Krisenreaktion erst einmal eine Angst- oder Zwangsstörung oder eine Depression geworden ist, ist großer Schaden angerichtet, der nur langsam und mühsam wieder heilt. So, wie man mit einem gebrochenen Bein ganz selbstverständlich zum Arzt geht, sollte man das auch tun, wenn man merkt, dass man in einer Krise feststeckt. Krisenhelfer sollten deshalb dazu ermutigen, weitere Hilfe zu holen, wenn es nötig ist.

Inhaltlich überschneiden sich Seelsorge, Beratung und Therapie oft in großem Maße:

Beratung

ist immer da angebracht, wo Sie mit einem geschulten, unabhängigen Gesprächspartner konkrete Lebensfragen angehen möchten: Wie gehe ich mit einem bestimmten Problem um? Wohin entwickelt sich mein Leben? Was hindert mich, Gott so zu vertrauen, wie ich es eigentlich möchte? Wie kann ich einem Menschen vergeben, der mich sehr verletzt hat?

Lebensberatung:

Die Begriffe »Lebensberater« und »Seelsorger« sind gesetzlich nicht geschützt und können deshalb eigentlich von jedem Menschen benutzt werden; manche haben daher keine spezielle Ausbildung. Beratungsgespräche werden nicht von der Krankenkasse getragen und müssen privat bezahlt werden. Ein Berater und Seelsorger darf bei seelischen Erkrankungen nicht therapeutisch arbeiten und muss die schwierige Grenze zwischen Therapie (also »Heilbehandlung«) und Bcratung bcachtcn.

Heilpraktiker für Psychotherapie:

Für Menschen mit einer therapeutischen Ausbildung und Berufserfahrung, aber ohne ein medizinisches oder psychologisches Studium, gibt es die Möglichkeit, beim zuständigen Gesundheitsamt eine Prüfung als »Heilpraktiker für Psychotherapie« abzulegen. Damit wird dem Geprüften erlaubt, in einem begrenzten Rahmen therapeutisch (also »heilend«) zu arbeiten. Diese therapeutischen Begleitungen werden ebenfalls sehr oft nicht von der Krankenkasse getragen (Ausnahme sind meist Privatkrankenkassen).

Psychotherapie:

Beratung endet da, wo ein Problem »pathologisch«, das heißt »krankhaft« wird. Ich möchte das an zwei Beispielen deutlich machen: Wenn ich zum Beispiel Angst vor einer bestimmten Prüfung habe, ist das keine krankhafte, sondern eine normale Angst. Hier kann mir ein Gesprächspartner oder ein Seelsorger gut weiterhelfen. Habe ich aber Ängste, die mein Leben in starkem Maße einengen und beeinflussen, brauche ich die Hilfe eines Arztes und eines erfahrenen Psychotherapeuten.

Kommt mein Glaube in eine Krise, brauche ich einen Gesprächs- und Gebetspartner. Entwickle ich aber religiöse Ängste und Zwänge oder eine Psychose mit religiösen Inhalten (laufe also zum Beispiel den ganzen Tag mit der Panik herum, irgendetwas getan zu haben, was mich vor Gott verdammen könnte), brauche ich ärztliche und psychotherapeutische Hilfe.

In Deutschland darf die Bezeichnung Psychotherapeut von ärztlichen und psychologischen Psychotherapeuten sowie Kinder- und Jugendpsychotherapeuten getragen werden. Sie sind die Ansprechpartner, wenn ein psychisches Leiden festgestellt wird, und spätestens hier endet auch unsere Kompetenz als »Küchenseelsorger« Die »klassischen« seelischen Leiden, bei denen man sich einer Psychotherapie unterziehen sollte, sind zum Beispiel: Angststörungen, Depressionen, Zwangserkrankungen, Burnout oder seelische Traumata (schwere, seelische Verletzungen). Der Zeitrahmen für solche Behandlungen ist festgelegt. Nach fünf (bei Verhaltenstherapeuten und tiefenpsychologisch fundierten Therapeuten) bzw. acht (bei analytischen Therapeuten) »Probesitzungen«, die dazu dienen, die Notwendigkeit einer Therapie zu prüfen, kann eine Kurzzeittherapie (KZT) mit bis zu 25 Stunden erfolgen.

Bei einer Langzeittherapie (LZT) sind die Höchstgrenzen bei Erwachsenen (für Kinder und Jugendliche gelten etwas höhere Werte): bei einer Verhaltenstherapie bis zu 45 Stunden, dann erfolgt in Einzelfällen nach Begründung eine Verlängerung auf 60 Stunden; bei einer analytischen Psychotherapie bis zu 160 Stunden, in besonderen Fällen bis zu 240 Stunden; bei einer tiefenpsychologisch fundierten Psychotherapie bis zu 50 Stunden, in besonderen Fällen bis zu 80 Stunden.

Viele Christen scheuen sich davor, Psychologen oder Psychiater aufzusuchen, die keinen christlichen Hintergrund haben. Ich selbst bin der Meinung, dass ein guter Psychotherapeut oder Psychiater den Glauben eines Menschen akzeptiert und als einen Stützpfeiler der Seele anerkennt. Eine solche achtungsvolle Haltung ist für mich sogar ein wichtiges Qualitätsmerkmal. Ich halte es deshalb für sinnvoll, den eigenen Glauben im Erstgespräch offen anzusprechen und zu fragen, wie der Therapeut mit ihm umgeht. Außerdem würde ich ebenso offen sagen, dass ich mir eventuell zusätzlich einen Gebetspartner wählen möchte, der mich unterstützt. Ist die Reaktion positiv, würde ich mich auf eine Therapie einlassen. Fühle ich mich durch irgendetwas in der Reaktion des Therapeuten verunsichert, würde ich von der Möglichkeit Gebrauch machen, mit einem anderen Therapeuten Kontakt aufzunehmen (die oben beschriebenen »Probestunden« ermöglichen einen Wechsel ohne irgendwelche Probleme).

Bei all diesen Störungen ebenso wie bei Psychosen ist es wichtig, auch die Hilfe eines Neurologen/Psychiaters in Anspruch zu nehmen.

Wo Sie Hilfe finden, wenn ein Gesprächs- und Gebetspartner nicht weiterhelfen kann:

www.akademieps.de
sehr gute Linksammlung mit vielen Adressen

www.derberatungsfuehrer.de
www.c-stab.de
www.acc-ch.ch/ (Schweiz)
Internetseiten mit Adressen christlicher Beratungs- und Therapieeinrichtungen, von Fachärzten, Kliniken, Psychotherapeuten, Psychologen

www.psychiatrie.de/therapien
www.psychiatrie.de/diagnosen
Informationen zu Therapieformen und –methoden sowie zu Diagnosen, also zu Störungs- und Krankheitsbildern

www.angst-auskunft.de
www.zwaenge.de
www.depression.de
Informationen zu Ängsten, Zwängen und Depressionen

www.blaues-kreuz.de
www.emk-sucht.de
Adressen für Menschen mit Suchtproblemen

www.eheseelsorge.net
www.prepare-enrich.de
www.team-f.de
http://links.familienecke.ch/15-1-christl-beratungsstellen-fachstellen.php (Schweiz)
Adressen für Ehe- und Familienberatung

www.bafm-mediation.de
Mediation (also Beratung im Konfliktfall, auch Trennungsberatung)

Manchmal hilft man einem Menschen mit seelischen Problemen am meisten dadurch, dass man ihn ermutigt, sich ärztliche Hilfe zu suchen, und ihn auf diesem Weg unterstützt und begleitet. Das kann manchmal ein langer und schwieriger Prozess sein, weil viele Menschen Angst davor haben, »für verrückt gehalten« zu werden. Und manche Christen haben das Gefühl, dass man alles allein mit Gottes Hilfe regeln können müsste. Aber das ist nicht so: Genau so, wie man mit einem Beinbruch nicht zum Seelsorger, sondern zum Arzt gehen sollte, gehört ein Mensch mit Halluzinationen, überstarken Ängsten oder religiösem Wahn zum Arzt.

Aber auch wenn ein Mensch schon psychologische oder ärztliche Hilfe hat, braucht er weiterhin Freunde und Begleiter. Menschen, die den Kontakt halten, die da sind, die beten. Manchmal finden sie sogar solche geduldigen »Übungshelfer« wie die, von denen Frau Höppner hier erzählt:

»Ich möcht, dass einer mit mir geht«
Katja Höpner

»Irgendwann werden Sie wieder alles tun können.« Der bekannte Neurologe sah mich eindrücklich an. Meine kalten, feuchten Hände krampften sich ineinander. »Es wird lange dauern, aber Sie werden wieder so leben wie früher – ohne Angst.« Seine Worte waren wie ein Lichtstrahl in der Dunkelheit. Eine Dunkelheit von Angst und Verzweiflung, eine Dunkelheit von Einsamkeit und Unverständnis. Am normalen Leben konnte ich nicht mehr richtig teilnehmen. Angst und Panik-Attacken grenzten mich ein wie eine Gefängnismauer.

Viele Jahre sind seit diesem Gespräch vergangen. Auch wenn es zeitweise nicht so aussah, der Neurologe sollte Recht behalten: Ich kann tatsächlich wieder alles tun. Hier und da sind noch kleine »Schlaglöcher« zu spüren. Aber sie werden immer seltener und hindern mich nicht am Leben.

Wege in die Angst

Schon viele Jahre lebte ich in einer Dienst- und Lebensgemeinschaft. Mit voller Überzeugung, mit ganzer Hingabe, mit großer Freude. Ich hatte meine Berufung gefunden: Gott zu dienen, in einer Gemeinschaft zu leben und dazu beizutragen, dass Menschen zum Glauben an Gott finden. Das machte mich glücklich.

Das Leben in einer Gemeinschaft erfordert Disziplin und Anpassung an Strukturen. Mit meiner gewissenhaften Veranlagung setzte ich viel daran, mein Leben nach den Vorstellungen der Gemeinschaft einzurichten. Meinen eigenen Willen, Wünsche und Sehnsüchte gab ich im Laufe der Jahre mehr und mehr auf. Darüber war ich in gewisser Weise sogar froh. Ein gefährliches Unterfangen, das ich nicht erkannte.

Harmonie geht mir über alles. Nicht nur in der Musik. Gerade im Miteinander ist es für mich wichtig, dass »die Chemie stimmt«. In einer großen Gemeinschaft gibt es natürlich viele verschiedene Charaktere. Konflikte bleiben da nicht aus. Ich hatte es aber nie gelernt, mit ihnen richtig umzugehen. Zwar gab es sie in der Familie auch, aber sie bedeuteten für mich nicht Normalität, sondern schreckliche Ausnahme. Dieses Verhalten prägte auch mein Leben in der Gemeinschaft. Konflikte erschienen mir als etwas Böses, etwas, was dem geistlichen Leben absolut zuwiderläuft. Also bemühte ich mich, möglichst allen alles recht zu machen. Da ich jegliche Auseinandersetzung vermied, lebte ich in Harmonie mit meiner Umgebung. Und somit, meiner Meinung nach, auch in Harmonie mit Gott. Also machte ich es richtig. Der Kurs stimmte. Wiederum ein gefährliches Unterfangen, das ich nicht erkannte.

»Gib das Beste hin für ihn« – so lautet eine Liedzeile, die wir oft sangen. Und die ich mir zu Herzen nahm. Ja, ich wollte für Gott das Beste geben. Alles wollte ich für Gott einsetzen, meine physischen und psychischen Kräfte, meinen Intellekt und meine Gaben. Dazu hatte ich viel Gelegenheit. Wenn ich mich manchmal erschöpft fühlte, nahm ich darauf wenig Rücksicht. So ein Rundum-Einsatz gab mir ein äußerst befriedigendes Gefühl. Für mich be-

deutete das: Auch Gott ist mit mir zufrieden. Nur weiter so! Auch dieses gefährliche Unterfangen erkannte ich nicht.

Wege durch die Angst

Ein strahlender Sonntag im Juni. Auf dem Weg in die Kirche genoss ich die frühlingshafte Umgebung. Dann, während der Predigt, passierte es: Meine Hände wurden kalt und nass, das Herz begann zu rasen, ein Schwindelgefühl erfasste mich – und die Angst: Was passiert mit mir – was ist los – was soll ich tun? Unmöglich konnte ich einfach aufstehen und hinausgehen. Das passt nicht zu einer Mitarbeiterin, die ein Vorbild sein soll. Verzweifelt starrte ich den Pfarrer an: Konnte er nicht bald Schluss machen?! Die Predigt schien eine Ewigkeit zu dauern. Später, an der frischen Luft, verflogen die Beschwerden. Ich beruhigte mich: Ein warmer Tag, schlechte Luft, eine kleine Unpässlichkeit. Doch im Inneren blieb ein Gefühl von Unsicherheit.

Mittagessen im voll besetzten Speisesaal. Unruhe überfiel mich, Schweiß brach aus, Schwindel, das Herz fing an zu rasen, ich zitterte am ganzen Körper. Ich flüchtete nach draußen, begleitet von erstaunten Blicken. Wie peinlich!

Mehr und mehr häuften sich solche »Anfälle«. Jedes Mal blieb ein Stück Angst zurück. Würde ich es schaffen – den Speisesaal, die hausinternen Versammlungen, die ich zu gestalten, die Ausflüge, die ich zu leiten hatte? Langsam, aber unerbittlich, schränkte die Angst meinen Aktionsradius ein. Wehren war zwecklos. Im Gegenteil: Je mehr ich sie bekämpfte, umso stärker schien sie sich zu gebärden.

Als biblisch geschulter Mensch wertete ich die Sache als Anfechtung. Gebete umgaben mich – aber die Angst schnürte weiter ein. Ein Arzt riet: »Sie müssen mal eine Woche raus!« Unmöglich – bei dem Personalmangel. Das konnte ich der Gemeinschaft nicht antun und wollte es auch gar nicht. Ich hatte noch nie schlapp gemacht. Eine Ärztin sprach von »Therapie«. Damals noch ein Wort, dem vor allem in christlichen Kreisen mit viel Skepsis begegnet wurde. Darum machte ich mir darüber keine weiteren Gedanken.

Auch wenn ich bereits Andachten wegen Herzrasens unterbre-

chen musste: Ich machte weiter. Nur noch wenige Wochen, dann war die Saison zu Ende. Ich hielt durch. Aber danach ging so gut wie gar nichts mehr. Als leidenschaftliche Autofahrerin musste ich erleben, wie meine Beine plötzlich während der Fahrt anfingen, unkontrolliert zu zittern. Als freudige Joggerin stellte ich fassungslos fest, dass ich nach wenigen Metern Angst bekam, mich zu bewegen. Nachts wachte ich auf vom Rasen meines Herzens und dem Zittern meiner Glieder.

»Sie sind ja völlig heruntergekommen«, konstatierte eine Ärztin, die ich nun aufsuchte. Leichte Medikamente halfen, das Herz zu beruhigen und den Schlaf zu fördern. Erholungswochen brachten nicht die erwartete Besserung, wohl aber die Möglichkeit, mit einer Ärztin, die auch als Psychotherapeutin tätig war, Gespräche zu führen. Ich begriff: Gott kommt es nicht auf meine Leistung an. Er liebt mich so, wie ich bin. Ich muss mich nicht beweisen – weder vor ihm noch vor Menschen. Die Krise, die ich durchlebe, beinhaltet eine große Chance. Gott will mir zeigen, wo und wie ich mich ändern muss. Er will mich von krankmachenden Lebensgrundsätzen befreien. Aus dem Verlust soll Gewinn werden.

Mit vielen guten Erkenntnissen versehen kam ich auf mein Arbeitsfeld zurück. Trotz der hilfreichen Gespräche waren die Angstanfälle noch an der Tagesordnung. Eine Situation, die meine Umgebung mit Misstrauen wahrnahm. Für sie waren die therapeutischen Gespräche demnach keine Hilfe gewesen. »Es hat ja nichts genützt«, bekam ich zu hören.

Nein – die Gespräche allein konnten auch nichts nützen. Als weitere Therapie war mir empfohlen worden, die Angst wieder zu »verlernen«. Das geht aber nur mit der Hilfe von Menschen. Menschen, denen ich mich mit meiner Angst und der körperlichen Schwäche, die damit verbunden ist, anvertrauen kann. Menschen, die den Anblick einer Angstattacke aushalten und behutsam damit umgehen. Menschen, die Geduld haben, immer und immer wieder mit mir in die gefürchteten Situationen hinein- und hindurchzugehen. Das müssen keine Therapeuten oder geschulten Seelsorger sein. Es geht um Menschen mit liebevollem Herzen und hilfsbereiten Händen. Hier habe ich erlebt, dass ein unbedarfter »Laie« mir zur größten Hilfe wurde.

Dieser »Laie«, eine Kollegin, hatte kein therapeutisches Fachwissen, aber ein feines Empfinden. Wenn ich zitterte und das Herz raste, konnte sie beruhigend den Arm um mich legen und mit mir einen Psalm beten. Meiner Angst, mich zu bewegen, begegnete sie mit Einfühlungsvermögen und Ermutigung. So übten wir buchstäblich Schritt für Schritt, erweiterten die Grenzen, freuten uns miteinander an jedem Erfolg. Und erlebten, dass Gott seine Kraft in die kleinen und großen Übungen legte.

Meine »Trainerin« verstand es, zu dosieren. Nicht jedes Terrain, das die Angst beherrscht, muss sofort zurückgewonnen werden. Alles braucht seine Zeit. Und sie schaffte es, mich zu überraschen. An einem heißen Sommertag schlug sie vor, Schwimmen zu gehen. Als Wasserratte hätte ich früher gesagt: Nichts lieber als das! Jetzt packte mich die Angst. Das würde ich nicht überleben. Als ich vor dem Freibad auch noch einen Rettungswagen stehen sah, dachte ich: Der ist für mich. Doch ich hatte gelernt, solche Gedanken auszusprechen, die Angst nicht zu unterdrücken. Vor meiner Begleiterin konnte ich es bedenkenlos tun. Sie zog mich fröhlich weiter mit der Zusage, dass ich den Wagen gewiss nicht brauchen würde. So war es dann auch. Wir hatten erneut ein von der Angst besetztes Gebiet erobert. Schwimmen wurde mit der Zeit für mich wieder ein Vergnügen.

Langsam ging es bergauf. Zu langsam für die Gemeinschaft. Der Bitte, weitere Ärzte zu konsultieren, kam ich nach. Diese sagten jedoch übereinstimmend: »Danken Sie Gott, dass Sie eine solche Begleitung haben. Etwas Besseres gibt es nicht für Sie. Wenn das nur alle hätten! Machen Sie so weiter.«

Ich schaffte es nicht, diese Anweisung der Gemeinschaft verständlich zu machen. Ich schaffte es auch nicht mehr, es allen recht zu machen. Denn ich konnte den Anforderungen des normalen Alltags nicht so wie früher nachkommen. Die Harmonie bröckelte. Für mich bahnte sich damit eine innere Katastrophe an. Oft wünschte ich: »Hätte ich nur ein Gipsbein, dann würden alle begreifen, dass manche Dinge gerade nicht machbar sind.« Mein »Gipsbein« war unsichtbar. Die Probleme, die daraus entstanden, bewältigte ich nicht. Das Ergebnis: Die Angstanfälle kehrten massiv zurück.

Klinik – sollte das die Lösung sein? Ich führte in einigen Einrichtungen Gespräche. Die Reaktion der Ärzte: »Sie sind kein typischer Fall für eine Klinik. Ihre Probleme können nur vor Ort gelöst werden.« Aber »vor Ort« unterliefen die ärztlichen und therapeutischen Anweisungen die Regeln der Gemeinschaft. Dieser innere und äußere Konflikt ließ mich fast zerbrechen. Es gab Augenblicke in denen ich nicht mehr leben wollte.

Wege aus der Angst

»Danken Sie Gott, dass Sie nicht in einer Klinik gelandet sind!« Diese Feststellung einer Therapeutin, die ich während eines längeren Aufenthaltes in meinem Heimatort aufsuchte, überraschte mich. Soeben hatte ich ihr meine hoffnungslose Situation präsentiert, fühlte mich wie das personifizierte Elend. Doch nun begannen sich die Dinge zu wenden. Die Gespräche gaben mir wieder Hoffnung. Ohne Druck konnte ich Erlerntes umsetzen. Angehörige und Freunde übten mit mir wie zuvor meine treue »Trainerin« die alltäglichsten Dinge: Autofahren, Spazierengehen, Einkaufen, Arztbesuche. Das Ziel, alles wieder alleine zu schaffen, lag für mich zunächst noch in unerreichbarer Ferne. Aber meine Freunde machten mir Mut. Und: Hatte ich es nicht schon erlebt, dass Angst durch Übung verlernt wird?

So geschah es auch dieses Mal. Beim Autofahren fuhr zunächst jemand hinter mir her. Erst die ganze Strecke, dann nur noch einen Teil, dann schließlich gar nicht mehr. Ein Mobiltelefon hatte ich allerdings immer dabei. Wenn die Angst kam, konnte ich anhalten und mit jemandem sprechen. Das reichte als Hilfe völlig aus.

Je öfter ein Spaziergang zu zweit gelang, desto mehr wuchs die Sicherheit. Ich spürte, dass Kräfte zurückkehrten, hatte nicht mehr die Vorstellung, an der nächsten Ecke zusammenbrechen zu müssen. Die Wege, die ich mir allein vornahm, waren zunächst kurz, wurden dann immer länger. Jeder Meter musste erkämpft werden. Danach fühlte ich mich wie eine Weltmeisterin.

Trotz allem kamen Rückschläge, doch ich lernte, mit ihnen umzugehen. Ich lernte, dass ich schwach sein darf. Ich lernte, dass es keine Katastrophe ist, wenn ich im Laden sage: »Darf ich mich bitte einmal setzen?« Ich lernte, dass ich als Mensch menschlich sein darf, dass ich sogar versagen darf. Und ich lernte es, barmherzig zu sein – mit mir und mit anderen. Zu viele Menschen hatte ich verurteilt, wenn ich sie nicht verstand. Nun war ich es, die oft nicht verstanden wurde. Ich spürte, wie gut es tat, wenn mich dann kein hartes Urteil traf. Vor allem begriff ich aber, dass Gott mich nie verurteilt. Schon gar nicht, wenn ich Angst habe.

»Wir warten auf dich – und beten, dass du kommst«, tönte es aus dem Telefonhörer. Ein Stellenangebot – 160 Kilometer von meinem Heimatort entfernt. Ich würde umziehen müssen. Angehörige und Freunde schüttelten den Kopf. »Das ist zu früh. So weit bist du noch nicht.« So ganz Unrecht hatten sie nicht. Mehr als 20 bis 30 Kilometer Strecke wagte ich nicht, mit dem Auto zu fahren. Das Einkaufen klappte nur in vertrauten Geschäften, Arztbesuche schaffte ich ohne Begleitung gar nicht. Wie sollte ich da zurechtkommen – in einer völlig fremden Umgebung? Würde ich mich überhaupt versorgen können?

An dem Tag, an dem die Entscheidung fallen musste, sagte Gott zu mir: »Traue auf den Herrn und tue Gutes, so sollst du in dem Land wohnen, **und wahrlich, du sollst gespeist werden**« (Psalm 37,3). Im Vertrauen auf diese Zusage wagte ich den eigentlich unmöglichen Schritt.

Gott steht zu seinem Wort. Durch das Training mit meinen Helfern hatte ich eine gute Grundlage erhalten. Nun erlebte ich, wie Gott als »Cheftrainer« weiter sorgte. Wo es notwendig war, stellte er mir wieder Menschen zur Seite. Vieles musste nun aber auch alleine gehen. Oft saß ich im Auto vor dem Lebensmittelladen und betete: »Herr, ich brauche etwas zu essen. Bitte hilf mir, dass ich den Einkauf schaffe.« Ich habe es geschafft – immer. Nicht immer gleich gut, aber nie musste ich mit leerem Korb herauskommen.

Inzwischen gehe ich gerne einkaufen – freue mich sogar darauf. An einen Angstanfall denke ich nicht mehr, noch nicht einmal in der Kassenschlange.

»Irgendwann werden Sie wieder alles tun können.« Auf dem Weg dorthin gab es Fort- und Rückschritte. Tränen und Verzweiflung. Aber auch Hoffnung und Trost – durch Gott und durch Menschen. Menschen, die die Hoffnung nicht aufgaben, als ich sie verloren hatte. Menschen, die Liebe, Ausdauer und Geduld aufbrachten. Menschen, die mit mir weinten und lachten. Menschen, die mich schätzten und liebten. Auch dann, wenn ich vor Angst buchstäblich wie gelähmt war.

Diesen Menschen möchte ich hiermit noch einmal von Herzen danken. Sie haben dazu beigetragen, dass mein Leben wieder lebenswert wurde. Gleichzeitig möchte ich allen Angstpatienten solche »Helfer von nebenan« wünschen. Und allen Helfern Mut machen »dran« zu bleiben. Es lohnt sich. Nicht ihre Ausbildung zählt, sondern ihre Gegenwart. Denn wir alle wünschen uns »einen, der mit uns geht«. Besonders in Zeiten der Angst.

»Das geknickte Schilfrohr wird er nicht abbrechen und den glimmenden Docht nicht auslöschen« (Jesaja 42,3).

In diesem Bericht finden Sie alle Phasen einer Krise wieder: Verunsicherung, der Verlust der Handlungsfähigkeit, langsames Erlernen und Erkämpfen neuer Haltungen und neuen Denkens, nach und nach Gewohnheit, irgendwann eine neue Sicherheit. In einer solch schweren Krise braucht ein Mensch professionelle Hilfe – und Menschen die sich nicht zurückziehen, sondern den langsamen und mühsamen Weg mit begleiten.

Kapitel 9

Trösten: Trauernde begleiten

Orte in Zeiten der Bedrängnis

Auch Trauer ist eine Krisenreaktion. Die Trauer reagiert auf den Verlust von etwas oder jemandem, das oder der zum Leben einfach dazugehörte. Dieser Verlust verändert das eigenen Leben, die eigenen Ziele und bringt einen Menschen in eine Situation, für die er noch keine Handlungsideen hat.

»Trauer bedarf des Trostes; nicht der Vertröstung«, heißt es in einem Sprichwort. Das deutsche Wort »Trost« kommt von »Trutz« und hat mit »Trutzburg« zu tun: einem Ort, zu dem man sich in Zeiten der Bedrängnis zurückziehen kann. Trost bietet so einen Ort: Hier ist ein Mensch, der mich aushält, der mir Mut macht, ohne mich mit Floskeln abzuspeisen.

Eine Trauernde schrieb: »*Damals, als mein Mann starb, kam ich mir vor wie ein Käfer, der auf den Rücken gefallen war, mit all seinen Beinen verzweifelt versuchte, wieder Land unter seine Füße zu bekommen. In den Buchhandlungen versuchte ich, Antworten zu finden auf Fragen, die in keinem Buch stehen. Auf dem Friedhof fand ich zwar »Gleichgesinnte« – man respektierte sich in seinem Kummer, sah sich –, aber sprach nicht miteinander. So sucht man nach Trost, und je länger der Tod zurückliegt, desto weniger Verständnis findet man meistens in seinem Umfeld. Ich fühle mich so, wie Ricarda Huch es in einem ihrer Gedichte ausgedrückt hat:*

*Nicht alle Schmerzen sind heilbar, denn manche schleichen
sich tiefer ins Herz hinein,
und während die Tage verstreichen, werden sie Stein.*

Du lachst und sprichst, als wenn nichts wäre, sie scheinen geronnen zu Schaum,
doch Du spürst ihre lastende Schwere bis in den Traum.

Der Frühling kommt wieder mit Wärme und Helle, die Welt wird ein Blumenmeer,
aber in Deinem Herzen ist eine Stelle, die blüht nicht mehr.

In der Begegnung mit Trauernden fürchten wir uns manchmal davor, etwas Falsches zu sagen. Doch das bedeutet für die Betroffen oft, dass andere Menschen den Kontakt zu ihnen einschränken und ihnen ausweichen.

Trauer ist auch die Kraft, die es ermöglicht, mit dem Verlust eines geliebten Menschen zu leben. Fritz Roth, Bestatter und Trauerberater in Bergisch-Gladbach nennt Trauer »die letzte Form der Liebe«. Trauer ist nichts Statisches, sondern ein Entwicklungsweg mit vielen Stufen. Deshalb spricht man auch von einem »Trauerprozess«.

Trauer ist je nach Situation und Persönlichkeit sehr unterschiedlich. Viele Faktoren spielen dabei mit: Wer ist gestorben? Wie war der Abschied? Wie war die Beziehung des Trauernden zum Verstorbenen? Welche Lebensgeschichte hat der Trauernde? Welche Hoffnung hat er?

Den Trauerprozess besser verstehen

Die folgenden Stufen des Trauerprozesses sind deshalb nur ein möglicher Ablauf. Sie können dem Seelsorger helfen, Betroffene besser zu verstehen und entsprechende Hilfestellung zu leisten.

1. Phase: Schutz vor Zusammenbruch
Der Tod eines Menschen ist für uns oft wie ein Schock. Deshalb reagiert unser Körper damit, körpereigene Substanzen auszuschütten, die das Gefühl geben, »in Watte« zu sein und »neben sich« zu stehen. Viele Menschen beschreiben, dass sie zuerst ganz automatisch ge-

handelt haben. Die Sachen, die zu erledigen und zu ordnen sind, lenken zunächst ab. Die verletzende Erfahrung des Todes wird noch nicht ganz wahrgenommen. Die Erinnerung überfällt aber plötzlich in bestimmten Begegnungen, Tagträumen und Träumen, zum Beispiel wenn man über den Verstorbenen redet, ein Bild betrachtet, sein Zimmer betritt.

2. Phase: Zugang zu den Gefühlen

Hat der Trauernde etwas Abstand und Sicherheit gefunden, können Gefühle stärker aufbrechen. Der Schmerz, der im Körper festzusitzen scheint und dazu führt, dass viele sich wie betäubt oder versteinert empfinden, kommt langsam ins Fließen, zum Beispiel durch Tränen oder das Bedürfnis zu reden. Sehr verschiedene Gefühle treten auf: Wut, Anklage, Aggression, Verzweiflung, schlechtes Gewissen, Sehnsucht, oft auch Dankbarkeit, Erleichterung und Freude. All das sind normale Reaktionen auf eine außerordentliche Herausforderung und als Gesprächspartner sollte ich diese Gefühle nicht bewerten, sondern mein Gegenüber ermutigen, auszusprechen, was immer gefühlt wird. Manchmal wird hier auch deutlich, wo man sich selbst oder dem Verstorbenen noch etwas vorwirft, wo Ehrlichkeit und Vergebung nötig sind. Das Wegstecken solcher Gefühle führt nicht selten dazu, dass wir sie nicht mehr wirklich loswerden und entweder lange unter ihnen leiden oder körperliche Beschwerden entwickeln.

Gerade, wenn dem Sterben eine lange Krankheitszeit vorangeht, kann sich in den Kummer und die Trauer auch Erleichterung mischen. Dann tut es unendlich gut, ein Gegenüber zu haben, das dieses Gefühl versteht und nicht bewertet. Dabei geht es gar nicht immer darum, die berühmten »richtigen Worte« zu finden, sondern darum, die Gefühle des Trauernden wahrzunehmen.

Eine angemessene Geste

Dirk Wittmer

Ich arbeite mit geistig behinderten Menschen und betreue auch solche mit Down-Syndrom. Daher weiß ich, dass diese Menschen oft sehr individuelle und starke Persönlichkeiten sind. Sie wissen, was sie wollen, und vertreten ihre Interessen und Vorlieben. Sie sind meist kontaktfreudig und anderen Menschen gegenüber aufgeschlossen. Eine Eigenschaft, um die ich sie beneide, ist die Unbekümmertheit, mit der sie durchs Leben gehen. Sie hinterfragen sich selber nicht so wie wir »Normalen«, sondern sind mit sich im Reinen. Die Einstellung, dass sie okay sind, so wie sie sind, ist für die Menschen mit Down-Syndrom, die ich persönlich kenne, ganz selbstverständlich. Sie leben fröhlich in ihrer kleinen Welt. Es gibt natürlich auch Ausnahmen, aber eigentlich haben alle, die ich kenne, eine ausgesprochen hohe soziale und emotionale Kompetenz.

Dazu noch ein Erlebnis: Letzten Herbst starb die Mutter einer meiner Bewohner mit Down-Syndrom. Ich habe ihn auf die Beerdigung begleitet. Er saß in der ersten Reihe zwischen seiner Schwester und seinem Bruder (beide sind nicht behindert). Natürlich haben die Angehörigen alle sehr getrauert. Ich hatte leichte Bedenken, ob und wie Michael (Name geändert) mit dieser Situation umgehen können würde.

Irgendwann begann der ältere Bruder von Michael zu schluchzen und sehr zu weinen. Michael hat ihn gleich zu sich hergezogen und der große Bruder hat sich an seiner Schulter ausgeweint, während Michael ihm sanft über den Kopf gestrichen hat. Ich bin heute noch ergriffen, wenn ich an diese Szene zurückdenke. Michael hat keine Sekunde überlegt, ob diese Geste jetzt angemessen ist oder nicht; er hat einfach getan, was ihm seine Empathie und Liebe geboten haben.

Trauer kann in ganz unterschiedlicher Weise zum Ausdruck kommen: durch Schweigen, Beten, Weinen, Sprechen, Schreiben, Gehen, Tanzen, Malen, Musik ... Trauer kann uns Gott näher bringen oder von Gott entfernen. Und Trauer ist für den Betroffenen anstrengend, sie ist Arbeit und braucht viel Kraft. Alles geht langsamer von der Hand, das Gehirn ist nicht so aufnahmefähig wie sonst, vieles verlangsamt sich. Entspannungen sind wichtig, um schädigenden Stress abzubauen, um wieder Ruhe und auch den notwendigen Schlaf zu finden.

3. Phase: Suche nach Tragendem

Der Tod eines Menschen lässt die Hinterbliebenen sehr oft mit dem Gefühl zurück, dass vieles unerledigt geblieben ist. All die Worte, die man noch gern hätte sagen oder zurücknehmen wollen, die Dinge, die man gern getan oder ungeschehen gemacht hätte, die unerfüllten Wünsche an die Beziehung, die man mit dem Verstorbenen beerdigt, die Erinnerung an gemeinsame Zeiten. Oft wechselt sich deshalb die Phase der aufbrechenden Gefühle mit einer Phase ab, in der man nach Tragendem sucht. Häufig hat der Betroffene Fragen wie diese: Was bedeutet der Tod für mich? Welche Hoffnung habe ich, welche Vorstellungen über das Jenseits? Welche Hoffnungen, welchen Glauben hatte der Verstorbene? Was hat der Verstorbene mir bedeutet, was habe ich ihm bedeutet? Was ändert sich durch den Tod, was bleibt? All diese Fragen sind wichtig und brauchen ein einfühlsames Gegenüber.

Manchmal helfen Symbole und Rituale durch diesen Prozess. Die alte Tradition zum Beispiel, sich in Zeiten der Trauer schwarz zu kleiden, ist so ein Symbol, mit dem Trauernde ausdrücken können, wie sie sich fühlen. Manchmal kann es helfen, das, was man einem Menschen nicht mehr sagen kann, aufzuschreiben. Anderen hilft das Zwiegespräch mit dem Bild des Verstorbenen, das anzünden von Lichtern (in der Wohnung, auf den Gräbern, in Kirchen), die Gestaltung von Erinnerungszeichen. Auch hier kann ein Begleiter helfen, der dieses Bedürfnis versteht und unterstützt.

4. Phase: Übernahme neuer Aufgaben

Gerade wenn zwei Menschen zusammengelebt haben, fühlt sich der Zurückbleibende oft wie »amputiert«, wie ein halber Mensch. Die Aufgabenverteilung, die vorher das gemeinsame Leben bestimmt hat, besteht nicht mehr. Der Trauernde muss wieder lernen, das Leben allein zu meistern, für sich selbst zu sorgen, die eigenen Ressourcen zu nutzen und wieder zur eigenen Identität zu finden. Dabei brauchen Menschen zum Teil ganz konkrete Hilfe. Ein Mensch zum Beispiel, der vorher kaum gekocht hat oder nicht an Behördengänge gewöhnt ist, fühlt sich überfordert, wenn er bei seinen ersten »Gehversuchen« auf den neuen Gebieten keine Unterstützung hat.

5. Phase: Finden neuer Perspektiven

Nach und nach tritt die Gestaltung des Lebens wieder in den Vordergrund. Man entdeckt vorher vernachlässigte Hobbys, Fähigkeiten und Ziele. Es ist wichtig, die Balance zwischen Erinnerungen und Zukunftsgestaltungen zu finden, damit man eine neue Lebensperspektive gewinnen kann. Gerade beim Verlust des Lebenspartners muss oft auch geübt werden, »solo« aufzutreten, wo man sonst nur mit dem Ehemann oder der Ehefrau erschienen ist. In dieser Zeit verändert sich häufig auch die Beziehung zu anderen Paaren, die sich ja auch darauf einstellen müssen, jetzt mit einem »Single« umzugehen. Es ist gut, in solchen Zeiten von anderen Menschen unterstützt zu werden.

Der Trauerprozess verläuft bei allen Menschen anders und er dauert unterschiedlich lang an. Das hängt mit den Umständen des Todes, mit der Beziehung zum Verstorbenen und der Persönlichkeit des Trauernden zusammen. Es ist wichtig, einem Menschen die Zeit zu geben, die er braucht, und nicht von außen zu bestimmen, wie lange Trauer »angemessen« ist.

Die Zeit heilt alle Wunden?

Hannelore Deußing

Mein Vater ist vor sieben Jahren gestorben. Das ist schon ganz schön lange her. Heilt die Zeit alle Wunden? Ich kann mich gut erinnern, dass dies einer der Sätze war, die mir gut gemeinten Trost vermitteln sollten. Der Spagat zwischen Trauer in einer sich scheinbar nicht bewegenden Zeit und den zu klärenden Alltagsfragen schien unmöglich. Wie sollte die Zeit die Wunden heilen?

Gerade in den ersten Tagen stand die Zeit still. Die Welt erschien mir unwirklich, und offensichtlich lebten alle Menschen um mich herum völlig normal weiter. In den ersten Tagen half mir tatsächlich, dass ich vieles entscheiden und erledigen musste. Schon kurz nach der Beerdigung wurde mir bewusst, wie schnell die Zeit vergeht und wie schnell alle auch von mir erwarteten, dass ich zum normalen Alltag überging. Ich bin sehr dankbar für all die Menschen in meinem Leben, die mir auch später zugehört haben, als nicht das Verarbeiten der Sterbesituation im Vordergrund stand, sondern sich eine andere Form des Abschiedes und der Trauer entwickelte. Eine Zeit, in der Raum war für Fragen: Warum jetzt? Was haben meine Eltern mir mit ins Leben gegeben? Was habe ich von ihnen gelernt? Was werde ich an Mitgegebenem behalten und wovon werde ich mich verabschieden?

Noch heute würde ich manchmal gern nach Hause fahren und dieses oder jenes besprechen, auch wenn es nur um ein Kochrezept geht oder darum, ein Werkzeug auszuleihen.

Dankbar bin ich für die Menschen, die für mich da waren und mir Raum gaben, um zu reden und zu hören. So wichtig Lebenserfahrungen anderer Menschen über den Verlust eines eigenen Angehörigen sind, so gut tat es auch, nicht von meinem Gegenüber »zugetextet« zu werden. Hier ist der biblische Satz ganz hilfreich: Alles hat seine Zeit! In der ersten Zeit der Trauer war ich jedenfalls sehr mit mir selbst beschäftigt und noch nicht offen dafür, anderen zuzuhören.

Die Zeit, die ich mit mir, mit Gott und Mitmenschen verbracht habe, um bestimmte Fragen zu klären (Hätte ich mehr oder anders helfen können?), aber auch die Tatsache, dass ich einfach erzählen konnte und mir zugehört wurde, all das hat mir nach und nach geholfen. Ich meine: Nicht allein die Zeit heilt die Wunden, sondern die Art, wie diese Zeit gestaltet wird, kann dazu beitragen, Wunden verheilen zu lassen und wichtige Ereignisse und Erfahrungen in konstruktiver Erinnerung zu behalten.

Nehmen Sie sich ein Blatt Papier und teilen Sie es mit einem Strich in der Mitte in zwei Teile.

Schreiben Sie in die rechte Spalte die Namen aller schon verstorbenen Menschen, die in Ihrem Leben wichtig waren, und in die linke Spalte die Namen von für Sie wichtigen Menschen, die

Übung

noch leben. Lassen Sie zwischen den einzelnen Namen Platz.

Jetzt notieren Sie neben die entsprechenden Namen in Stichworten, wofür Sie dankbar sind, wenn Sie an die Menschen denken. Wie haben Sie Ihr Leben geprägt, wie bereichert? Was war schwierig, was hat wehgetan? Gibt es etwas, das Sie den Verstorbenen gern noch gesagt hätten?

Sprechen Sie mit Gott über die Menschen auf der Liste in der rechten Spalte. Danken Sie ihm für jeden Einzelnen. Sprechen Sie vor Gott laut aus, was Sie den Menschen auf Ihrer Liste gern gesagt hätten.

Jetzt gehen Sie die Liste der Lebenden noch einmal durch. Wofür sind Sie dankbar? Was ist schwierig? Steht etwas zwischen Ihnen? Gibt es etwas, was Sie gern sagen oder tun würden? Verschieben Sie es nicht auf später, sondern suchen Sie einen Weg, den Lebenden zu sagen, was sie Ihnen bedeuten.

Die eigenen Grenzen ernst nehmen

Es kann auch passieren, dass Menschen einen Verlust nicht verarbeiten können. Als Begleiter ist es nicht Ihr Fehler, wenn Ihren persönlichen Möglichkeiten Grenzen gesetzt sind. Trauer verläuft eben nicht nach einem Fahrplan; jeder Mensch geht anders mit ihr um und braucht seine eigene Zeit. Sie dürfen nicht selbst an der Trauer des anderen kaputtgehen. Informieren Sie sich über Trauerberatungen, Selbsthilfegruppen und andere Einrichtungen, die im Notfall weiterhelfen können. Viele Hospizvereine bieten auch Trauerbegleitung an, die kostenlos ist. Zeigen Sie behutsam diese Möglichkeiten auf, wenn Sie merken, selbst nicht mehr mit der Situation klarzukommen.

Gerade in der Begleitung von Menschen in Krisen müssen wir unsere persönlichen Grenzen wahrnehmen. Es kann turbulent werden. Wie sehr Sie die Konfrontation und die Auseinandersetzung mit der Krise eines anderen Menschen aushalten und was Ihnen gut tut, das wissen nur Sie. Was gibt Ihnen Kraft und hilft Ihnen, nicht selbst in eine Krise zu geraten? Es ist wichtig, nicht in der Begleitung anderer

Menschen aufzugehen, sondern sich ohne schlechtes Gewissen Freiräume zu nehmen, sich auszuruhen, den eigenen Alltag in den Vordergrund zu stellen. Gerade wenn Sie versuchen, einem Menschen in einer Krise beizustehen, brauchen Sie als Gegengewicht Ruhe, Ausgleich und Dinge und Menschen, die Ihnen gut tun. Wenn Sie merken, dass die Probleme eines anderen Menschen Sie nicht mehr loslassen, sollten Sie sich selbst einen Gesprächspartner suchen.

Gönne dich dir selbst

Wenn du dein ganzes Leben und Erleben völlig ins Tätigsein verlegst
und keinen Raum mehr für die Besinnung vorsiehst,
soll ich dich da loben?
Darin lobe ich dich nicht.
Ich glaube, niemand wird dich loben, der das Wort Salomos kennt:
»Wer seine Tätigkeit einschränkt, erlangt Weisheit« (Jesus Sirach 38,25).
Und bestimmt ist es der Tätigkeit selbst nicht förderlich,
wenn ihr nicht die Besinnung vorausgeht.
Wenn du ganz und gar für alle da sein willst, nach dem Beispiel dessen,
der allen alles geworden ist (1. Korinther 9,22),
lobe ich deine Menschlichkeit
– aber nur, wenn sie voll und echt ist.
Wie kannst du aber voll und echt Mensch sein,
wenn du dich selbst verloren hast?
Du bist ein Mensch.
Damit deine Menschlichkeit allumfassend und vollkommen sein kann,
musst du also nicht nur für alle anderen,
sondern auch für dich selbst ein aufmerksames Herz haben.
Denn was würde es dir sonst nützen, wenn du – nach dem Wort des Herrn (Matthäus 16,26) –
alle gewinnen, aber als Einzigen dich selbst verlieren würdest?
Wenn also alle Menschen ein Recht auf dich haben,

dann sei auch du selbst ein Mensch, der ein Recht auf sich selbst hat.
Warum solltest einzig du selber nichts von dir haben?
Wie lange bist du noch ein Geist, der auszieht und nie wieder
heimkehrt (Psalm 78,39)?
Wie lange noch schenkst du allen anderen deine Aufmerksamkeit,
nur nicht dir selber?
Du fühlst dich Weisen und Narren verpflichtet
und verkennst einzig dir selbst gegenüber deine Verpflichtung?
Bist Du etwa dir selbst ein Fremder?
Und bist du nicht jedem fremd, wenn du dir selber fremd bist?
Ja, wer mit sich selbst schlecht umgeht, wem kann der gut sein?
Denk also daran: Gönne dich dir selbst.
Ich sage nicht: Tu das immer,
ich sage nicht: Tu das oft,
aber ich sage: Tu es immer wieder einmal.
Sei wie für alle anderen auch für dich selbst da,
oder jedenfalls sei es nach allen anderen.

Bernhard von Clairvaux an Papst Gregor III.

Die Begleitung eines Menschen in einer Krise kann auch eigene wunde Punkte berühren, die dann wieder neu zu schmerzen beginnen. Wenn wir einen anderen Menschen zum Beispiel trauern sehen, kommen wir auch in Berührung mit unseren eigenen Ängsten, unseren eigenen Verlusten und unserem Schmerz. Es ist möglich, dass dann Unverarbeitetes hochkommt und wir deshalb versuchen, den anderen von seiner Trauer wegzubringen. Oder es führt dazu, dass ich mich schuldig fühle, weil ich nicht so mitfühlend sein kann, wie ich es gern möchte. Wenn Sie merken, dass Sie ein Mensch in einer Krise überfordert, nehmen Sie das ernst. Holen Sie sich selbst Hilfe, suchen Sie sich einen Gesprächspartner, der Sie unterstützt. Sie sind dem anderen keine Hilfe, wenn Sie selbst seelisch zusammenbrechen, weil bei Ihnen unverarbeitete Verluste aufbrechen. Und Sie sind auch kein »Schwächling«, wenn Sie merken, dass Sie an Ihre Grenzen kommen. So etwas ist ganz normal, wenn man mit einem Thema konfrontiert wird, das man selbst noch in sich trägt.

Manchmal merkt man auch, dass man »fachlich« an seine Grenzen kommt. Sie sind kein Therapeut und das müssen Sie auch nicht sein. Sie sind im besten Falle ein Begleiter. Immer dann, wenn ein Mensch in einer Krise ernsthafte seelische Störungen entwickelt, ist die Hilfe eines Therapeuten oder eines Arztes notwendig.

Wenn Sie sich so überfordert fühlen, dass Sie merken, einen längeren Kontakt nicht mehr tragen zu können, machen sie das deutlich. Sie können zum Beispiel sagen, dass Sie merken, dass Sie nicht stark genug sind für den Schmerz des anderen, weil bei Ihnen selbst so viel Schmerz oder Angst ist. Machen Sie nicht Ihr Gegenüber verantwortlich, reden Sie von sich selbst. Vielleicht können Sie noch den Kontakt zu einem anderen Gesprächspartner vermitteln und dazu ermutigen, professionelle Hilfe zu suchen.

Kapitel 10

Die Liebe Gottes weitergeben

Die Grundlage der Seelsorge

Du sollst den Herrn, deinen Gott, lieben von ganzem Herzen, von ganzer Seele und von ganzem Gemüt. Dies ist das höchste und größte Gebot. Das andere aber ist dem gleich: «Du sollst deinen Nächsten lieben wie dich selbst. In diesen beiden Geboten hängt das ganze Gesetz und die Propheten.

Matthäus 22,37-40

Seelsorge ist das Bemühen, einem Menschen die Liebe, Güte und Stärke Gottes nahezubringen. *Du sollst den Herrn, deinen Gott, lieben von ganzem Herzen:* Das ist der Grundstein. Die Grundlage für unsere Sorge um andere und unser Sorgen für uns selbst ist, dass Gott uns liebt und dass wir auf diese Liebe reagieren. *Er heißt Wunderbar-Rat, Gott-Held, Ewig-Vater, Friede-Fürst* – in der kurzen Beschreibung, die wir bei Jesaja 9,5 finden, wird deutlich, wer Jesus für uns ist: Unser wunderbarer Retter, unser Berater und der, der uns Frieden gibt und stärker ist als alle Probleme dieser Welt.

Du sollst deinen Nächsten lieben wie dich selbst: Christliche Seelsorge nimmt »den Nächsten« wichtig. Sie ist nahe beim Menschen, knüpft an seine Erfahrungen an und rückt Gott und seine Möglichkeiten ins Blickfeld. Christliche Seelsorge blendet das Schwere nicht aus, versucht nicht, es mit frommen Floskeln wegzuwischen. Sie bemüht sich, Menschen zum Leben zu ermutigen, auf Fehler und Unrecht so hinzuweisen, dass deutlich wird: Es geht um Hilfe, nicht ums »Rechthaben«. Seelsorge hilft im Umgang mit Zweifeln, Schuld, der Frage nach Gott ganz allgemein – nicht bestimmend und einengend, sondern begleitend und fördernd.

Weil ich Gott liebe und er mich, kann ich nach und nach auch die Angst um mich selbst und die Angst vor anderen Menschen verlernen. So kann ich lernen, mich selbst zu achten und zu lieben, ohne dabei narzisstisch (also selbstsüchtig) zu werden. Diese Selbstachtung hilft uns auch dabei, andere Menschen nicht als unsere »Seelsorgeopfer« zu missbrauchen, die unser Selbstwertgefühl aufbessern, weil wir uns als die Starken fühlen können.

Zum Nachdenken:

Liebe Gott – deinen Nächsten – dich: Sind diese drei Bereiche der Liebe bei mir im Einklang oder spüre ich, dass einer von ihnen zurückgeblieben ist?
Habe ich die Sehnsucht, etwas daran zu ändern? Was möchte ich erreichen?
Was und wer kann mir dabei helfen?

In meinem Leben gab es eine ganze Reihe von Menschen, die mir diese Einheit vorlebten und so meinen Glauben prägten. Das geschah in Jungscharstunden und Predigten, aber wohl noch viel mehr in vielen Alltagsbegegnungen. Ich habe das große Glück, in Gott einen liebevollen Vater und in Jesus meinen genauso liebevollen Retter sehen zu können, und ich glaube, das hängt nicht zuletzt mit den Menschen zusammen, die mir vorgelebt haben, was Christsein bedeutet. Einer von ihnen war Pastor Fröse von der FEG in meinem Geburtsort Hage. Er war Kunde an der Tankstelle meiner Eltern. Meine Mutter mochte ihn, weil er höflich und freundlich war und ihr mehrmals beim Tragen geholfen hatte, wenn er sah, dass sie sich abmühte. Ich war damals ein sehr schüchternes Kind, das sich immer gern hinter der Mutter versteckte, und es dauerte lange, bis ich mutig genug war, hinter ihrem schützenden Rücken hervorzukommen.

Eines Tages erzählte Pastor Fröse, dass in seiner Gemeinde eine Kinderstunde stattfände, und bot meiner Mutter an, mich einmal mitzunehmen. Und weil meine Mutter ihn mochte und ihm vertraute, sagte sie ja. »Dem hat man das abgenommen mit dem Glauben«, hat sie später einmal erzählt, »der hat mich meine schweren Kisten nicht allein schleppen lassen. Ich sag dir was: Damit hat der bei mir mehr erreicht als mit zehn Bibelversen. Das ist einer, dem man sich anvertrauen kann, dem höre ich auch noch zu, wenn er was Frommes sagt, weil ich merke, dass das keine Floskeln sind.«

Immer ist die wichtigste Stunde die gegenwärtige.
Immer ist der wichtigste Mensch der, dem du gerade gegenüberstehst.
Immer ist die wichtigste Tat die Liebe.

Meister Eckart

Zum Nachdenken:

Lesen Sie, was Jesus über das Weltgericht (Matthäus 25,31-46) gesagt hat. Stellen Sie sich dann die folgenden Fragen:

Bin ich offen für die Menschen um mich herum?

Für die im ersten Teil des Textes beschriebenen Menschen ist es so selbstverständlich, sich für andere Menschen einzusetzen, dass sie ihr Verhalten gar nicht als eine besonders »christliche Tat« bewerten, sondern es ihnen alltäglich erscheint. Gehe ich auf andere Menschen zu, weil man das »als Christ so machen muss«, oder weil Gott auf mich zugegangen ist und mich angesteckt hat mit seiner Liebe?

Auf wen möchte ich zugehen? Wie könnte ein erster Schritt dazu aussehen?

Die wichtigste Stunde ist jetzt …

Mein Mann und ich haben einen kleinen Hund, durch den wir mit vielen anderen Hundebesitzern in Kontakt gekommen sind. Abends trifft sich im nahe gelegenen Park die »Hundecommunity« zum gemeinsamen Spaziergang. Vor einiger Zeit gesellte sich eine sympathische Frau mit ihrer Hündin zu uns, die offen darüber redete, dass sie gerade eine längere Entziehungskur hinter sich hatte und an Depressionen litt. Sie suchte unsere Nähe und erzählte so viel über sich und ihre Erkrankung, dass es uns eigentlich schon fast zu viel wurde. Aber irgendwann tauchte sie nicht mehr auf. Zuerst dachten wir uns nichts dabei, dann machten wir uns doch Gedanken darüber und überlegten, sie einmal zu besuchen. Aber wie es so oft ist, verging eine Woche nach der anderen, ohne dass wir uns die Zeit dafür nahmen. Nach sechs Wochen hörten wir, sie sei am Tag zuvor an Organversagen nach Alkoholmissbrauch verstorben.

Ich weiß nicht, ob unser Besuch etwas daran geändert hätte. Einen alkoholabhängigen Menschen hat seine Sucht schwer im Griff, nicht umsonst wurde sie von der Weltgesundheitsorganisation als Krankheit eingestuft. Aber ich weiß, dass wir dem inneren Impuls, ihr nachzugehen, nicht gefolgt sind, und dass das in der nächsten Situation anders sein soll.

»Seelsorge am Küchentisch« ist ein Alltagsgeschehen. Sie braucht keine Termine, keine klugen Worte, keine Ausbildung, denn sie will ja keine Therapie sein, sondern die Umsetzung des größten Gebots. In therapeutischen Settings gehört es zu den Grundsätzen, dass der Hilfesuchende auf den Berater zukommen muss. Die »Alltagsseelsorger« drängen sich auch nicht auf, aber sie gehen auf Menschen zu, bieten Beziehung an und Hilfe da, wo jemand sie möchte und der Seelsorger es auch kann.

Ich weiß, dass wir nicht für die ganze Welt da sein können. Aber wir können uns von Gott und seiner Liebe zu den Menschen anstecken lassen und diejenigen, mit denen wir es zu tun bekommen, wichtig und ernst nehmen.

Beten

Eine Möglichkeit, das zu tun, besteht darin, zu beten: Zusammen mit einem Menschen, wenn er es kann und möchte, für einen Menschen, wenn er es braucht und selbst nicht (mehr) kann und in kleinen, leisen »Stoßgebeten« zwischendurch als Einladung an Gott, als »Moderator« dazuzukommen und bei einem Gespräch dabei zu sein. Beten ist Beziehungsarbeit: Ich bringe einen Menschen, seine Anliegen, seine Lebenssituation und auch meine Gedanken und Gefühle mit in die Gegenwart Gottes. So wird aus einem Zweier- ein Dreiergespräch. Da bin ich gut aufgehoben, da ist mein Gesprächspartner gut aufgehoben und in der Nähe des Vaters verändert sich oft meine Sicht der Dinge. Vor allem aber rücke ich alles wieder ins rechte Verhältnis: Nicht ich bin eben der Retter, das ist jemand anderes, und der rettet den anderen und auch mich.

Wie ein Schuster einen Schuh macht und ein Schneider einen Rock, also soll ein Christ beten. Eines Christen Handwerk ist das Beten.

Martin Luther

Gebet ist, einfach gesagt, ein Gespräch. Nicht ein Gespräch mit sich selbst, sondern ein Gespräch mit Gott. Gott lädt uns ein, mit ihm zu reden und ihm die Dinge zu sagen, die uns bewegen. Aber ein Gespräch, in dem nur einer redet, ist eigentlich keines. Auch Gott hat uns etwas zu sagen. Ganz spannend wird es da, wo wir für oder mit einem Menschen beten. Da höre ich auf mein Gegenüber, versuche, mich für Gott zu öffnen, und spreche dann vor Gott und meinem Nächsten aus, was ich verstanden und gehört habe.

Zum Nachdenken:

Was fällt Ihnen ein, wenn Sie das Wort »Gebet« hören?
Was für Gedanken haben Sie?
Welche Gefühle kommen auf?
Welche Bilder entstehen vor Ihrem inneren Auge?
Welches sind Ihre wertvollsten Erfahrungen?
Welches Ihre schwierigsten Erfahrungen?

Menschen zu Jesus führen

Hören möchte ich, was Gott, der Herr, redet (Psalm 85,9).

Helga Meister

Als sich die Mutter eines anderen Kindergartenkindes in einem Gespräch plötzlich ganz tief öffnete und mir von ihren schweren Sorgen erzählte, fühlte ich mich völlig hilflos und wusste gar nicht, womit ich sie trösten konnte. Alles, was mir einfiel, schien mir zu oberflächlich zu sein. Verzweifelt schickte ich ein Stoßgebet zu Gott, das nur aus einem Wort bestand: »Hilfe!!!« Aber weil nicht plötzlich irgendein gestandener Christ um die Ecke bog und die Sache in die Hand nahm, merkte ich, dass ich jetzt wohl irgendwie reagieren musste. Nicht einmal ein passendes Bibelwort fiel mir ein! Darum redete ich in meiner Verzweiflung einfach ohne Rücksicht auf Verluste los: »Ich finde das ganz furchtbar, habe gar keine Worte! Ich würde Ihnen so gern etwas sagen, was Ihnen helfen kann. Aber das Einzige, was ich tun kann und was ich auch selbst in einer solchen Situation tun würde, ist zu beten. Ich werde in der nächsten Zeit jeden Tag für sie beten und Gott bitten, Ihnen beizustehen.«

Sehr beklommen wartete ich auf ihre Reaktion und die war vollkommen überwältigend für mich. »Würden Sie denn auch mit mir beten? Ich würde gern glauben können, aber ich kann es nicht, deshalb kann ich auch nicht richtig beten. Obwohl ich es oft versuche, habe ich nie den Eindruck, mit Gott in Kontakt zu kommen.«

So etwas hatte ich noch nie gemacht, ich gehöre in unserer Gemeinde nicht zu den »Glaubenshelden«, die frei und offen beten können. Aber mir war klar, dass ich mich jetzt nicht drücken konnte, und so sagte ich: »Ja, das kann ich. Und ich kann Ihnen auch sagen, wie Sie mit Gott in Kontakt kommen, wenn Sie wollen: Sie müssen es ihm einfach sagen. Er hört uns ja immer zu! Ich bete jetzt für Ihre Situation, und wenn Sie sich trauen, sagen Sie selbst hinterher zu Gott, was Ihnen durch den Kopf geht. Falsch machen können Sie da gar nichts.«

Mir schlug das Herz bis zum Hals und ich musste mir selbst wohl genauso viel Mut machen wie ihr! Aber dann habe ich für sie gebetet und sie hat sich tatsächlich angeschlossen. Und weil es ihr so gut tat, haben wir uns ab da fast jeden Tag kurz zum Beten getroffen. Sie hat erzählt, wie es ihr ging und was inzwischen geschehen war, und jedes Mal haben wir beide unser Gespräch dann vor Gott weitergeführt. Ich habe noch nie vorher in meinem Leben so viel über meine Beziehung zu Gott geredet und sie auch noch nie vorher selbst so reflektiert. Auch habe ich noch nie so viel gebetet wie in dieser Zeit! Wenn ich mit meiner Gebetspartnerin Anne redete, merkte ich selbst, wo meine eigene Beziehung zu Gott schieflief. Sehr oft schickte ich Stoßgebete zum Himmel: »Lass mich jetzt nur keinen Unsinn reden!«, oder: »Was soll ich denn jetzt bloß sagen, Herr?« Ich glaube, unsere Treffen waren für mich mindestens genauso wichtig wie für Anne. Ihre Fragen machten mich immer wieder darauf aufmerksam, wo ich selbst einfach nur Dinge nachplapperte, die ich gar nicht richtig glaubte, und brachten mich dazu, viel bewusster und tiefer wahrzunehmen, was ich glaubte und wem ich vertraute. Ich komme aus einem christlichen Elternhaus und irgendwie schien es dann ganz natürlich, auch Christin zu werden. Meine Entscheidung damals mit ca. 14 Jahren war sehr wichtig. Doch jetzt merkte ich, dass da noch viel mehr war, als ich bisher gewusst hatte, und ich sagte noch einmal ganz neu Ja zu Jesus. Manchmal betete ich auch: »Herr, ich bin nicht die Richtige, schick ihr doch jemanden, der tiefer und fester und zweifelsfreier glaubt als ich!« Aber da kam niemand und ich bat Gott, selbst zu reden, wo ich es nicht konnte.

Irgendwann sagte meine Gebetspartnerin dann zu mir: »Du hast gesagt, bei Jesus kann ich meine Schuld loswerden. Wenn das stimmt und wenn Jesus der Weg zu Gott ist, möchte ich auch zu Jesus gehören.« Da kam gleich wieder Panik in mir hoch und ich bot ihr an, ihr einen Termin bei unserem Pastor zu machen. »Warum? Brauch ich da einen Stempel wie beim Einwohnermeldeamt?« Nein, den brauchte sie nicht. Ich hatte nur wieder einmal Angst bekommen, ob sie vielleicht durch einen Fehler von mir »kein richtiger Christ« werden würde. Aber ich merkte, dass das Unsinn war. Deshalb antwortete ich: »Du brauchst einen ‚Meldestempel', aber du hast recht, den bekommst du nicht von unserem Pastor, sondern von Gott.«

Wir überlegten miteinander, wie wir jetzt vorgehen wollten, und sie kam auf die Idee, aufzuschreiben, was sie bedrückte und wo sie sich schuldig fühlte. Bei unserem nächsten Treffen brachte sie diesen Zettel mit. Ich hatte als Symbol ein Kreuz aufgestellt, und als sie Gott alles gesagt und um Verzeihung gebeten hatte, zerriss ich den Zettel und sagte ihr, dass Jesus am Kreuz alle Schuld getragen hätte, auch ihre. Wir legten die Zettelschnipsel unter das Kreuz, weinten vor Freude und lagen uns in den Armen. Dann beteten wir wieder und Anne sagte etwas, was ich bestimmt niemals vergessen werden: »Danke, dass ich jetzt zu dir gehöre und bei dir ‚gemeldet' bin. Ich freu mich so und bin jetzt sogar dankbar, dass vorher alles so schiefgelaufen ist. Denn sonst hätte ich vielleicht niemals Helga so intensiv kennengelernt und sie hätte mir nicht zeigen können, wie lieb du uns hast!«

Ich habe früher oft davon gehört, dass Christen andere Menschen »zu Jesus geführt« haben, und ich kam mir dann immer wie ein kleines Licht vor. Inzwischen denke ich, das ist auch in Ordnung, ich muss gar kein großes Licht sein – nur das kleine will ich nicht unter den Scheffel stellen. Und ich habe auch gemerkt, wenn ich keine Menschen zu Jesus führen kann, dann führt er eben Leute zu mir und ich muss nicht viel mehr tun, als sie nicht zu übersehen, ein paar Stoßgebete loszulassen und darauf zu vertrauen, dass Gott schon weiß, wie es weitergehen kann, dass Gottes Geist mir wie ein Navigationsgerät den Weg zeigt. Eigentlich ist es ganz einfach!

Was machen Sie, wenn einer sagt: »Ich weiß nicht, ob ich Christ bin. Aber ich möchte einer sein ...«? Zuerst einmal sollten Sie sich einfach freuen – im Himmel wird ja auch gerade ein Fest gefeiert. Und dann überlassen Sie sich getrost dem »Navigationsgerät Gottes«. Reden Sie über das, was Sie glauben, über Jesus: seine Botschaft, sein

Leben, seine Hingabe und sein Opfer für uns Menschen, seine Vergebung, seine Macht über den Tod, die Auferstehung. So ist man schnell bei zentralen Fragen unseres Lebens und dann wird es sehr persönlich. Haben Sie ruhig das Vertrauen, dass Gott in Ihnen durch seinen Geist anwesend ist und Sie leiten wird.

Wichtig ist noch, dass nicht nur Sie reden, sondern dass auch Ihr Gegenüber zu Wort kommt. Wenn wir aussprechen, zu Gott gehören zu wollen, dann ist das ein Versprechen, das vor Gott und der ganzen unsichtbaren Welt ausgesprochen wird und dort Wirkung zeigt. Man nennt so etwas auch ein »Hingabegebet«, und das ist eigentlich eine sehr passende Bezeichnung. Ich gebe mich in diesem Augenblick ganz in Gottes Hand, überlasse meine Rettung ihm allein und schenke ihm mein Herz und mein Leben. Dabei ist es sinnvoll, direkt zu formulieren, also zum Beispiel zu sagen: »Ich sage ja zu dir«, und nicht: »Ich möchte ja zu dir sagen«, denn ich gebe in diesem Augenblick ein Versprechen ab und keine Absichtserklärung. Auch wenn man es nicht sehen kann, passiert in diesem Moment sehr viel. Ein Mensch bekommt »die himmlische Staatsbürgerschaft« und die sollte ihm von seinem Gebetspartner auch zugesprochen werden. Sie können dazu Ihre eigenen Worte nutzen oder auf Worte aus der Bibel zurückgreifen, vielleicht so: »Du bist Gottes Kind. Gott sagt: ‚Hab keine Angst. Ich habe dich erlöst, ich habe dich bei deinem Namen gerufen. Du bist mein!'«

Vergeben

Wer einem anderen vergibt, der lässt einen Gefangenen frei.
Der Gefangene ist er selbst.

Dietrich Bonhoeffer

Christliche Seelsorge blendet das Schwere nicht aus und sollte sich deshalb auch nicht davor scheuen, auf Fehler und Unrecht hinzuweisen – in Liebe. Denn Gottes Ziel und seine Herzensangelegenheit ist unsere Rettung, nicht unsere Verdammung. So kämpfen wir in der

Seelsorge mit der gleichen Leidenschaft wie er. »Küchentischseelsorger« sollten deshalb auch den Mut dazu haben, über Schuld und Vergebung zu reden. Oft scheuen wir uns, offen anzusprechen, wenn wir merken, dass ein anderer Mensch sich falsch verhält. Aber wenn das alle tun, hat der keine Chance zu prüfen, ob es da wirklich ein Problem gibt. Wir brauchen Menschen, die mutig genug sind, Fehler anzusprechen.

Jesus sagt im Vaterunser: *... und vergib uns unsere Schuld, wie auch wir vergeben unseren Schuldigern ...* (Matthäus 6,12). Da sind wir direkt bei zwei wichtigen Schlüsselwörtern zum Thema Vergebung: Schuld und Schuldiger (oder »Schuldner«).

Mit diesen Begriffen lässt sich sehr bildhaft beschreiben, worum es bei Vergebung eigentlich geht und warum sie so schwierig ist: Beginnen wir mit dem Begriff des Schuldners. Ein anderer Mensch hat Schulden bei mir. Vielleicht hat mich diese Sache sogar viel gekostet: Ich wurde gekränkt, verletzt, geschädigt ... Das kann von leichten Schäden bis zu schweren, bleibenden gehen: Mancher Mensch trägt noch nach vielen Jahren an Dingen, die ihm angetan wurden. Ich als der, dem man etwas schuldet, muss jetzt versuchen, mit dieser offenen Rechnung klarzukommen. Völlig zu Recht hat man das Gefühl, dass man noch etwas bekommen muss, und bevor das nicht geschehen ist, kann die Rechnung nicht abgeschlossen werden.

Kommen wir jetzt zum Begriff der Schuld: Ich habe dann sozusagen Schulden bei einem anderen, bin ihm etwas schuldig: Schulden muss man bezahlen. Man weiß, dass das Gegenüber eigentlich einen berechtigten Anspruch auf Bezahlung und Wiedergutmachung hätte. Und man weiß ebenfalls: »Ich bin in seiner Schuld.« Damit hat der andere eigentlich eine gewisse Macht über mich. In seiner Hand liegt es, wie er mit dieser Schuldigkeit umgeht. Wenn es möglich ist, die Schuld zurückzuzahlen, habe ich Glück gehabt. Richtig schwierig wird es dort, wo das nicht möglich ist, wo der Schaden zu groß oder unersetzbar ist. Dann bin ich darauf angewiesen, dass mein Gegenüber mich nicht im übertragenen Sinne in den Schuldturm wirft, sondern auf die Rückzahlung verzichtet. Und auch dadurch bin ich in der Hand des anderen. Das gefällt eigentlich keinem Menschen. Dazu kommt: Schulden sind eine peinliche Sache – keiner hat es gern, wenn alle davon wissen. Auch diese Gefahr besteht: dass meine Schuld publik wird. Und dann könnte mich die Sache sehr viel kosten: Ansehen, Achtung, Selbstbewusstsein ...

Und so gehen wir Menschen mit Schuld und Schuldnern oft so um, wie wir auch mit offenen Rechnungen umgehen: Die einen versuchen, um jeden Preis allen Zahlungen nachzukommen, die anderen warten erst einmal die dritte Mahnung ab oder versuchen, sich möglichst um Zahlungen zu drücken, die einen verlangen prompte und genaue Rückzahlung (mancher verlangt sogar Zinsen), die anderen sind da großzügiger, und wieder andere stellen zwar offiziell nichts in Rechnung, haben aber heimlich eine ziemlich genaue Vorstellung davon, was zu fordern wäre, wenn man es als Christ denn dürfte ...

Als Seelsorger müssen wir uns selbst mit dem Thema Schuld und Vergebung auseinandersetzen. Es ist wichtig, dass wir über bestimmte Zusammenhänge eine klare Vorstellung haben, damit wir anderen hier weiterhelfen können.

1. Schuld neigt zur »Wiederauferstehung«, wenn die Vergebung fromme Pflicht ist

Es wird Sie vielleicht erstaunen, aber ich glaube, eines der größten Hindernisse bei der Vergebung liegt in frommen Kreisen darin, dass wir Vergebung wie einen Deckel auf einen Topf stülpen, in dem es eigentlich noch kocht. Ich glaube, wir stehen in Gefahr, Vergebung mit »Friedhöflichkeit« zu verwechseln. Ich kenne genügend Leute, die den berühmten »untersten Weg« mit wilder Opfermentalität gehen und dabei heftig gegen ihren Zorn kämpfen müssen, den sie nicht haben dürfen.

Vergebung, besser »Quasi-Vergebung«, kann ein Mittel sein, Konflikten aus dem Weg zu gehen und eigentlich nötige Auseinandersetzungen nicht zu führen. Irgendwann wird dies dann entweder zur Explosion, zur Gleichgültigkeit oder zur Verbitterung führen. Konflikte angehen, konstruktiv streiten, ohne dabei schuldig zu werden, sich selbst ernst nehmen – das, denke ich, sind wichtige Entwicklungsfelder für unsere Gemeinden. Aber das ist ein gesondertes Thema ...

2. Einzutreibende Schulden binden an den Schuldner

Es gibt aber auch das andere Extrem: Ich kann nicht vergeben, weil das Bewusstsein der »offenen Rechnung« mich daran hindert. Das könnte eine Entschuldigung sein, die ich erwarte, ein Anerkennen der Schuld, eine Wiedergutmachung oder nicht selten, dass ich doch noch irgendwann bekomme, was man mir vorenthalten hat.

Was geschieht, wenn dies nicht passiert? Der Betroffene fixiert sich auf die Wunde und den Verursacher, die viel zu viel Raum in seinen Gedanken einnehmen. Er kämpft darum, sein Recht zu bekommen, und wird dabei immer wieder neu verletzt. Manchmal kann er nicht wahrnehmen, was in seinem Leben alles gut ist, wer ihn liebt und wer ihn stützt, weil dieser eine Punkt zu sehr schmerzt.

3. Einzutreibende Schulden bringen einen Menschen dazu, den anderen bestrafen zu wollen

Haben Sie sich schon einmal gewünscht, jemandem etwas mit gleicher Münze heimzuzahlen? Haben Sie sich gewünscht, dass jemand anderes genauso leiden sollte wie Sie?

Manchmal verwenden wir viel Zeit, Energie und Fantasie darauf, Racheträumen nachzuhängen ... Ist Ihnen schon einmal aufgefallen, wie wenig sich die Methoden, die wir in diesen Fantasien anwenden, von denen unseres »Schuldners« unterscheiden?

Andererseits versuchen manche Menschen ihr ganzes Leben lang, etwas von bestimmten Personen zu bekommen – etwa Anerkennung, Liebe, Zuneigung –, das die denen aber niemals geben werden. Im Kampf um diese Sache werden sie immer wütender, verzweifelter, und haben dabei immer den anderen als Fixpunkt, niemals sich, niemals Gott.

Wenn ein Mensch lange genug leidet, ist Rache nicht fern. Das kann ganz unterschiedlich aussehen: Feindschaft ist eigentlich eine Form von Rache. Manchmal schaden wir uns sogar selbst, um einen anderen Menschen damit zu bestrafen.

Wenn jemand in solchen Schuld- und Rachekreisläufen gefangen ist, muss man ihm irgendwann bewusst machen: Was hier geschieht, führt zu keinem guten Ende. Die einzutreibenden Schulden halten uns in der Vergangenheit und verhindern unter Umständen, dass wir die Geschenke der Gegenwart entdecken und annehmen. Deshalb brauchen wir manchmal einen anderen Menschen, der den Mut hat, uns aufmerksam zu machen, wenn wir in einer solchen Situation gefangen sind. Manchmal brauchen wir es, dass uns jemand in Gottes Namen sagt: »Lass mich dir helfen!«

In Matthäus 6,14-15 steht: »*Wenn ihr den andern vergebt, was sie euch angetan haben, dann wird euer Vater im Himmel euch auch vergeben. Wenn ihr aber den andern nicht vergebt, dann wird euer Vater euch eure Verfehlungen auch nicht vergeben*« (GN).

Mir hat dieser Satz lange nicht gefallen. Ich habe mich gefragt: Kann denn an Vergebung eine Bedingung geknüpft werden? Heute sehe ich da einen anderen Zusammenhang als früher: Wenn ich immer wieder denselben Fehler mache und in meiner Bitterkeit stecken bleibe, nicht vergebe, wird es mir schwer fallen, mich vertrauensvoll und offen an Gott zu wenden. Ich verschanze mich hinter meiner Verletzung. Ich renne allein, ich erlaube Gott nicht, mich herauszuholen, mich zu erlösen; ich lasse mir nicht wirklich helfen. »Sünde« bedeutet eigentlich wörtlich »Trennung« – und so eine Situation trennt mich von Gott.

Der Schlüssel hingegen ist, mich Gott anzuvertrauen. Leider ist das etwas, was ich persönlich immer wieder neu lernen muss. Sehr oft versuche ich noch, mir selbst zu helfen und weder Gott noch meine Mitchristen in meine dunklen Ecken hineinsehen zu lassen, gerade, wenn ich mir selbst schlecht vergeben kann.

»Entschuldige bitte mal«, versucht der Geist Gottes dann meine inneren Monologe zu unterbrechen, »deine Sünde, deine Trennung von mir, ist, dass du mir in einigen Bereichen deines Lebens immer noch nicht glaubst, dass ich dich so liebe, wie du jetzt bist. Dass du dir immer noch selbst zu helfen versuchst, anstatt zu sagen: ‚Ich kann es nicht ohne dich und will es auch gar nicht‘.«

»Pass mal auf«, sagt er weiter in die Tiefen meiner Persönlichkeit hinein (mein Kopf weiß ja schon Bescheid): »Begreife und halte fest, dass du durch Gnade gerettet bist: ohne Gegenleistung angenommen und geliebt! Sozusagen ‚gratis graziös' – ohne Gegenleistung schön, weil der Vater dich durch den Sohn sieht. Jesus hat alles gegeben, damit du leben kannst! Und jetzt lebt er, lebe ich in dir! Das müssen wir wohl noch ziemlich durchbuchstabieren, bis du wirklich in allem aus der Gnade lebst! Und da ist noch etwas, das du immer wieder vergisst: Du bist tot, gestorben mit Christus. Auferstanden sind dann wir beide: Du bist eine neue Kreatur, neu erschaffen. Gewöhn dir also ab, mich, deinen Beistand, immer nur dann zu rufen, wenn du allein nicht mehr weiterkommst (obwohl das ja immerhin ein Anfang ist). Erlaube mir immer mehr, ein Teil von dir zu sein: zwar fremd und nie fassbar oder verfügbar werdend, und doch eins mit dir.«

Wenn ich anderen nicht vergeben kann, habe ich selbst nicht wirklich begriffen, was die Gnade Gottes bedeutet. Wenn ich wirklich vergeben will, muss ich also irgendwann stehen bleiben und bei mir anfangen. Ich muss beginnen, die Gnade zu begreifen.

Mir wurde einmal erzählt, wie das bei Christine, einem todkranken jungen Mädchen, aussah. Sie hatte große Angst, von Gott nicht angenommen zu werden. Sie wünschte sich zwar Vergebung, aber sie konnte sie nicht glauben. Dann, eines Tages, betete sie: »Vater, ich habe immer versucht, Treppen zu bauen, um an dich heranzureichen. Ich schaff es aber nicht, das weiß ich jetzt. Und ich kann auch nicht mehr weiter, ich bin so müde und schwach. Ich setze mich jetzt einfach auf die oberste Stufe und bitte dich: ‚Hol mich doch bitte hier ab, tu du die Schritte mit mir, die ich allein nicht gehen kann!'«

Der letzte Satz blieb ihr Lieblingsgebet bis zum Schluss, in immer neuen Variationen: »Ich habe Angst – hol mich doch bitte hier ab!« »Ich bin so traurig – hol mich doch bitte hier ab!« Damit meinte sie nicht einfach, dass Gott alles wegnehmen sollte, sondern dass er es in seine Hände nehmen sollte.

Vergebung aussprechen

Wie mache ich das, wenn ein Mensch vergeben will und meine Hilfe dabei braucht? Ich höre zu. Ich lasse den anderen aussprechen: Was hat wehgetan? Wie genau sieht die Verletzung aus? Denn der erste Schritt zur Vergebung ist ja immer, die Schuld ernst zu nehmen.

Wenn klar ist, was verletzt hat, ermutige ich mein Gegenüber, vor Gott laut zu sagen: »Ja, Herr, das hat mir weh getan! Es hat mich verletzt, es hat mir geschadet. Aber ich will nicht mehr in der Vergangenheit leben, ich will frei werden, weitergehen und geheilt werden. Deshalb … (hier sollte noch einmal klar benannt werden, was konkret vergeben werden soll)« Zum Beispiel: »Im Namen Jesu vergebe ich meinem Vater, dass er mich durch seine Strenge so eingeschüchtert hat.« Ermutigen Sie Ihren Gesprächspartner, möglichst konkret zu werden und direkt zu formulieren. Also nicht: »Ich möchte gern vergeben«, sondern: »Ich vergebe.« Denn in diesem Augenblick geschieht nicht nur ein psychologischer, sondern vor allem ein geistlicher Prozess und man durchtrennt im Namen Gottes eine unsichtbare, aber sehr spürbare negative Bindung.

Vergebung annehmen

Die »Beichte« ist ein alter Begriff für ein sehr aktuelles Geschehen: das ehrliche Reden über das eigene Leben und die Erfahrung von Vergebung. Mit dem Wort »Beichte« verbinden viele Menschen das Gefühl von Zwang, Krampf, Gesetzlichkeit. So auch in den folgenden Erfahrungsberichten:

Eine Farce

Klaus Ackermann

Ich bin ursprünglich katholisch und habe Beichte immer als eine Farce empfunden. Als Kind spulte ich die immer gleichen Verfehlungen ab: »Ich habe gelogen, war frech zu meiner Mutter, war ungehorsam …« Dann bekam ich ein paar Strafgebete aufgebrummt und fertig. Mein Bild von Gott war dadurch sehr zweigeteilt. Einer-seits war er wohl jemand, der sich über uns ärgerte und den man durch Reue besänftigen musste, der einen bestrafte oder belohnte, wie etwa der Weihnachtsmann auch. Andererseits musste man dafür aber auch nicht mehr tun als ein paar Formeln sprechen: Zehn Ave Maria und alles war wieder gut!

Pass auf, kleines Auge ...

Jan Terveen

Als Kind hatte ich oft Angst vor Gott. Mir wurde nahegebracht, dass er alles beobachtet und bewertet. »Pass auf, kleines Auge, was du siehst, pass auf, kleine Hand, was du tust, denn der Vater im Himmel schaut herab auf dich, drum pass auf, kleine Hand, was du tust!« – so lautet der Text eines Kinderliedes. Da war Gott ein Aufpasser und ich jemand, der ständig darauf achten musste, nichts falsch zu machen. Ich glaube, auch deshalb habe ich mich zu einem Menschen entwickelt, der ständig mit Schuldgefühlen kämpfen muss. Gott sieht ja nicht nur, was ich tue, sondern auch, was ich denke, fühle, will ... Ich habe viele Jahre schon fast einen Zwang verspürt, meine Sünden zu beichten, konnte aber die Ver-gebung gar nicht richtig annehmen. Sie beruhigte mich immer nur für kurze Zeit, dann ging meine Not von Neuem los. Erst in den letzten Jahren habe ich begriffen, dass es Gott nicht darum geht, mich bei etwas Unrechtem zu erwischen und zu bestrafen. Auch soll die Beichte kein »Bannmittel« sein, dass mir den rächenden Gott immer im letzten Augenblick noch mal vom Hals hält. Sie ist dazu da, mich von meiner Schuld zu befreien!

Beichte hängt sprachlich mit dem Wort »bejahen« zusammen. Wer beichtet, bejaht etwas, steht zu seinen Fehlern, zu seiner Schuld und Sünde. Sich zu seinem Verhalten zu bekennen, ist ein Zeichen von Verantwortung und Stärke, auch wenn es oft Überwindung bedeutet. Und beichten bei einem anderen ist eine große Hilfe und eine echte Chance, von etwas loszukommen. Eigentlich könnte es unter uns Christen etwas ganz Normales, Alltägliches sein, offen voreinander zu Fehlern und zu Schuld zu stehen und uns vom anderen Vergebung zusprechen zu lassen. Ich rede offen vor Gott und meinem Bruder, aber nicht allgemein, sondern so konkret wie möglich: »Es tut mir leid, dass ich meinem Mann wehgetan habe …«, »Bitte vergib mir die Lieblosigkeit gegenüber …«

Die Beichte muss konkret und ehrlich erfolgen: je klarer und offener die Wahrheit eingestanden wird, umso befreiender ist der persönliche Zuspruch. Dazu kann mir mein Mitchrist helfen, etwa indem er nachfragt, bis er mich wirklich versteht. Am Ende spricht der Seelsorger dann aus, was in diesem Augenblick bei Gott geschieht: »Dir ist vergeben.« Das liturgische Wort dazu heißt »Absolution« und bedeutet »Lossprechung«. Mein Mitchrist handelt sozusagen wie ein »Vollzugsbeamter«, der einem Häftling im Auftrag des Gerichtes sagt: »Sie sind jetzt frei. Sie können gehen!«

Wenn ich die Rolle dieses »Vollzugsbeamten« einnehme, sage ich oft Folgendes: »Im Auftrag und in der Vollmacht Jesu sage ich dir: Gott hat dir vergeben! Jesus Christus, der Sohn Gottes, hat dich frei gemacht von deiner Sünde, und weder jetzt noch in der Ewigkeit wird dich vor Gott jemand deswegen verklagen dürfen.« Auf der Seite des Seelsorgers ist die Verschwiegenheit wichtig. Was in der Beichte ausgesprochen wird, ist vor Gott gesagt, und geht keinen etwas an.

Eigentlich wäre es gar nicht schlecht, wenn wir alle zwischendurch zu einem anderen Christen gingen wie ein Auto zum TÜV und ehrlich über unser Leben sprächen. Wer sich vor einem Seelsorger öffnet und weiß, wie sich das anfühlt, hat es leichter, auch mit den schwierigen Seiten im Leben anderer gut und verschwiegen umzugehen.

Segen

Das Segnen ist eigentlich in allen Religionen anzutreffen. Wir Menschen sind segensbedürftig, wir verlangen nach Heil, Glück und Erfüllung unseres Lebens. Darum wünschen sich Menschen gegenseitig Gutes.

»Das deutsche Wort weist aber darauf hin, dass Segnen noch mehr ist, als sich Gutes zu wünschen. Segen stammt vom lateinischen Begriff *signare* ab, was man mit ‚etwas mit einem Zeichen versehen‘ übersetzen könnte. Wir kennen diesen Begriff auch in ‚Signatur‘, ‚Unterschrift‘ oder ‚Kennzeichnung‘« (aus Wikipedia).

Im Alten Testament finden wir hauptsächlich die hebräischen Wörter *barach* oder *berek* für »segnen«. Man könnte die Grundbedeutung vielleicht mit »mit heilvoller Kraft begaben« wiedergeben. Interessant ist, dass *berek* dabei unterschiedlich gebraucht wird. Spricht es vom Wirken Gottes, dann bedeutet es segnen; spricht es aber vom menschlichen Tun, dann bedeutet es lobpreisen (ebenso das griechische *eulogein*). So, als ob unser Lobpreis die Antwort auf Gottes Segen ist und wiederum Segen auslöst.

Das Neue Testament nimmt das Segensverständnis des Alten Testaments auf. Das hier meist gebrauchte Wort für Segnen, *eulogein*, bedeutet wörtlich: »das Gute sagen« bzw. »etwas gut sagen«, aber auch, wie das hebräische *barakh*, »mit heilvoller Kraft begaben« und »lobpreisen«.

Grundsätzlich ist es Gott, der segnet. Er entscheidet, wen er wann und wie mit seiner Kraft, Vollmacht und mit seinem Schutz beschenken will. Natürlich sprechen Menschen sich gegenseitig Segen zu, wie es zum Beispiel Isaak und Jakob bei ihren Söhnen getan haben (diese Begebenheit findet sich in 1. Mose 27). Dabei erbitten wir aber den Segen von Gott.

Eigentlich könnte es an allen »Küchentischen der Gemeinde« guter Alltagsbrauch werden, sich gegenseitig für persönliche Situationen und Entscheidungen, heikle Fragen, für die Kindererziehung oder die Pflege der Mutter, in Krankheiten oder in Krisen zu segnen. Ein Segen spricht »die heilvolle Kraft Gottes« über einem Menschen oder einer Situation aus und ist mehr als nur ein guter Wunsch.

Segen – eine Erklärung für Kinder

(Quelle: http://www.kids-web.org/kidsnews/k28/09.htm)

Wenn du dich mit jemandem verabredest, so rechnest du fest damit, dass derjenige auch kommen wird und dich nicht im Stich lässt. Und genauso kannst du mit Gott rechnen, er lässt dich nicht im Stich.

Zuversicht, ein schweres Wort, einfacher kann man auch sagen: Vertrauen. Wenn du jemandem ein Problem anvertraust, dann möchtest du, dass derjenige dir einen guten Ratschlag gibt, dich tröstet und dir einfach zur Seite steht.

Und genau das möchte auch Gott. Rechne mit ihm und vertraue ihm, dass er da ist, dann kann er dich segnen. Ja, aber was heißt denn nun Segen? Segen heißt nichts anderes, als dass sich Gott um dich kümmert, dir hilft und dich auf deinem Lebensweg begleitet, bis du bei ihm im Himmel ankommst. Er lässt dich nie im Stich!

Um einen Menschen zu segnen, muss er gar kein »Problem« haben. Eltern segnen ihre Kinder, Mitarbeiter werden für neue Aufgaben gesegnet oder Menschen für einen neuen Lebensabschnitt. Wir dürfen unseren himmlischen Vater bitten, anderen Menschen seine Liebe und seine Güte zuteil werden zu lassen, und ihm sagen, dass wir uns über ihn freuen und von seiner Größe, seiner Macht und seiner Liebe wissen.

Oft ist damit das »Auflegen der Hände« verbunden, so wie Jesus es gemacht hat, zum Beispiel in Markus 10,16. Es ist ein äußeres Zeichen, das die persönliche Zuwendung Gottes ausdrückt. Immer, wenn wir einen Menschen segnen, bleiben wir abhängig vom segnenden Gott.

Zum Nachdenken:

Wessen Segen wünsche ich mir?
Wozu brauche ich Segen?
Wem erteile ich Segen?
Wer braucht meinen Segen?
Wen habe ich im Leben gesegnet?
Wem habe ich vielleicht meinen Segen verweigert? Weshalb?

Wenn Menschen um einen Segen bitten, dann sollte das Anliegen benannt werden, zunächst im Gespräch, dann im Gebet. Und dann sollte der Seelsorger seinem Gegenüber den Segen zusprechen und ihm (wenn der andere das will) seine Hände auf Schulter oder Kopf legen.

Manchmal merkt man im Gespräch, dass hinter der Bitte um eine Segnung ein Konflikt steckt, der geklärt werden muss, dass eine Entscheidung nötig ist oder dass ein Mensch Mut braucht. Auch das kann ausgesprochen werden.

Kapitel 11

Und ich? Muträuber und Mutmacher für die »Küchentischseelsorge«

Matthias Hipler

Aber vielleicht sind Sie sich gar nicht sicher, ob Sie überhaupt als »Küchentischseelsorger« für andere geeignet sind?! Dann sollten Sie sich einmal die folgenden Fragen stellen: Welche gewichtigen Argumente können Sie nennen, warum Sie sich im Moment noch nicht zutrauen, ein guter Seelsorger zu sein? Ich bin sicher, dass gute Gründe Sie bisher davon abgehalten haben, manche seelsorgerlichen Herausforderungen in Ihrer Gemeinde anzunehmen. Muträuber können zu echten Mutmachern werden, wenn wir sie mit neuen Augen sehen lernen. Ich greife fünf entmutigende Überzeugungen auf und deute sie positiv um für Ihren seelsorgerlichen Auftrag.

Muträuber 1:

»Weil ich selbst noch Seelsorge benötige, kann ich für andere kein guter Seelsorger sein!«

Mutmacher 1:

Es ist des Meisters Größe gewesen,
dass er in ganz geringen Dingen ganz zuverlässig war.
Sein ganzes Leben war ein Aufgeben in lauter geringen Dienstleistungen.

H. Haberl

Herzlich willkommen im Klub der unperfekten, fehlerhaften Christen! Ich gehöre auch dazu. Keiner von uns kann es sich wirklich leisten, auf das hilfreiche Gespräch und freundschaftliche Beziehungen zu verzichten.

Wenn Sie sich Hilfe suchen, weil Sie alleine an einem Punkt Ihres Lebens nicht weiterkommen, zeigen Sie geistliche Reife. Selbst Jesus bat die Jünger um tröstenden Beistand im Garten Gethsemane. Wer glaubt, alles mit sich alleine abmachen zu können, lebt gefährlich egozentrisch und kräftezehrend.

Solistische Sonderlinge verlieren die notwendige geistliche und gemeindliche Bodenhaftung. Wenn Sie Seelsorge an der eigenen Seele zulassen, erfahren Sie ihre befreiende Wirkung und es macht Sie zu barmherzigen Seelsorgern ohne moralische Überlegenheit. Die Erfahrung schmerzlicher Veränderungsprozesse im eigenen Leben lehrt Sie die notwendige Geduld mit anderen. Sie können nachvollziehen, warum sich ein Ratsuchender so schwer tut, sein Leben umzugestalten. Suchen Sie Seelsorge und Sie werden als Seelsorger aufgesucht.

Muträuber 2:

»Ich habe nicht auf alle Fragen eine Antwort. Mein Fachwissen ist noch sehr begrenzt.«

Mutmacher 2:

Treu sein heißt: da sein,
wo Gott uns hinstellt,
das tun, was er verlangt,
das leiden, was er auferlegt.

G. Zeller

Nach einer IGNIS-Umfrage zum Thema Seelsorge in der Gemeinde wünschen sich drei Viertel der Befragten vor allem Ansprechpartner, die in einem intensiven Kontakt zu Gott stehen. Eine einschlägige Ausbildung und psychologisch-medizinisches Wissen hält dagegen nur jeder Zehnte für besonders wichtig. Wer nicht schon alles weiß, kann Fragen stellen. Viele Gespräche hat Jesus mit interessierten Fragen eingeleitet. »Willst du gesund werden? Was willst du, dass ich dir tun soll?« Fragen fordern den anderen zum Nachdenken heraus und wirken motivierend. Er ist beteiligt.

Solche Fragen könnten sein:

- Was genau ist dein Problem und seit wann beschäftigt es dich?
- Was hast du bisher unternommen, um es zu lösen? Was war hilfreich, was nicht?
- Welche Erwartung hast du an mich als Seelsorger?
- Was würde dir helfen, einen Lösungsschritt weiterzugehen?
- Was wird geschehen, wenn es so weitergeht wie bisher?
- Wie könnte man das Problem von geistlicher Seite her lösen?

Gute Ratschläge dagegen können wie »Schläge« wirken, wenn sie von oben herab erteilt oder ungebeten gegeben werden. Ein guter Seelsorger glänzt nicht durch lückenloses Fachwissen. Er ist jedoch bereit, sich auf gestellte Fragen einzulassen und den Ratsuchenden auf dem Weg zu einer Antwort zu begleiten. Menschen wollen keine Kochrezepte für ihre Probleme, sondern wünschen sich aufmerksame Zuhörer, die sie und ihr Problem verstehen. Wenn man auf ein Problem keine Antwort hat, darf man das offen einräumen: »Ich weiß dir in dieser Situation keinen Rat, aber ich stehe dir in deiner bedrängenden Sorge bei.« Therapeutisches Fachwissen ersetzt nicht das Gebet für einen Menschen, der sich Ihnen anvertraut. Im Gebet legt Gott Ihnen möglicherweise eine Bürde aufs Herz, Ihre Seelsorgefähigkeiten auszubauen und sich Kenntnisse über Seelsorge und Psychologie anzueignen. Wer mit Menschen arbeitet, lernt nie aus, sondern fortwährend dazu.

Muträuber 3:
»Mir gehen die Probleme anderer oft zu nahe. Ich empfinde immer zu viel Mitleid.«

Mutmacher 3:
Jesus war so treu, dass er uns sein Leben ganz und ungeteilt widmete. Er brachte nicht einen Augenblick zu, ohne für uns zu wirken, zu leiden und an uns zu denken. Er sah auf nichts, als auf die Ehre seines Vaters und auf unser Heil. Wir müssen ihm Treue für Treue geben, sonst begehen wir die größte Untreue und Undankbarkeit.

G. Tersteegen

Wenn Sie mit einem anderen leiden können, beweist das Ihr Einfühlungsvermögen. Sie sind fähig, sich in Ihr Gegenüber hineinzudenken und zu fühlen. Ihr Gegenüber spürt, dass Sie ihn gern haben. Manches geht Ihnen nahe, weil Sie so nahe dran sein können. *Freut euch mit den Fröhlichen und weint mit den Weinenden*, ermutigt Paulus die Leser des Römerbriefes in Kapitel 12,15.

Wenn Sie weinen, weil die Nöte des anderen Sie innerlich berühren und bewegen, ist das völlig in Ordnung. Weinen Sie in einem Gespräch allerdings mehr als Ihr Gegenüber, hat das Gespräch wahrscheinlich einen Punkt in Ihrem Leben berührt, an dem Sie selbst tief verletzt sind. Ratsuchende können in ihrem Bedürfnis nach Fürsorge unersättlich und grenzenlos sein. Ziehen Sie schützende Grenzen: keine stundenlangen Gespräche, die sich im Kreis drehen, weder Telefongespräche zu nächtlichen Unzeiten noch Verfügbarkeit sieben Tage die Woche. Nehmen Sie Ihre eigenen Grenzen wahr und sprechen Sie diese deutlich aus. Vermindern Sie die Gefahr, ausgesaugt und ausgelaugt zu werden. Hilflos gewordene Helfer müssen sonst entnervt die Notbremse ziehen und den Kontakt abbrechen. Nächstenliebe setzt nach Jesu Worten eine gesunde Selbstliebe voraus. Die Sorge um den anderen schließt die Fürsorge für Sie selbst ein.

Muträuber 4:

»Weil ich das Problem nicht aus eigener Erfahrung kenne, bin ich nicht kompetent genug, bei seiner Lösung zu helfen.«

Mutmacher 4:

Wo die Liebe im Herzen geboren ist,
da beweisen es die Früchte,
dass sie rechter Art sei,
und ihr ganzes Wesen und Verhalten
gegen den Nächsten wird eine lebendige Erklärung dessen,
was Gottes Geist von ihr rühmt.

Wer von wirklicher Liebe getrieben ist,
wird es verstehen,

sich zu einer Seele hindurchzufühlen,
die sich im tiefsten Innern immer danach sehnt,
gefunden zu werden.

J. M. Sick

Keiner kann alle Schwierigkeiten aus der eigenen Erfahrung nachvollziehen. Wer zum Beispiel niemals eine Depression erlebt hat, kann sich nur sehr begrenzt einfühlen. Für eine hilfreiche Unterstützung können Sie den anderen fragen, was er im Moment braucht. »Was würde dir heute helfen? Welche Unterstützung wünschst du dir von mir oder der Gemeinde?« Ihre gut gemeinten Helferstrategien müssen nicht mit den Bedürfnissen des anderen übereinstimmen. Greifen Sie die Wünsche des Ratsuchenden an die seelsorgerliche Beziehung auf, soweit es Ihnen möglich ist. Oft hat er einfach nur das Bedürfnis, sich vertraulich auszusprechen oder den Wunsch einer geistlichen Begleitung mit Gebet und Zuspruch im Namen Gottes. Sie brauchen sich nicht zu überfordern, wenn Sie merken, dass Sie mit einem Problem nicht zurechtkommen. Haben Sie den Mut, Hilfesuchende an einen anderen Seelsorger weiterzuvermitteln, der über die erforderliche fachliche Kompetenz verfügt.

Muträuber 5:

»In meiner Gemeinde spüre ich wenig von einem seelsorgerlichen Klima. Jeder verschanzt sich hinter seiner schützenden Fassade. Die Angst vor Offenheit sitzt tief.«

Mutmacher 5:

Weil denn in Jesu alle Schätze
der Weisheit und Erkenntnis beschlossen sind,
so darf ich mich nur bei ihm anmelden,
er wird mich alles lehren.

G. Tersteegen

Die gute Nachricht lautet: Sie können daran etwas verändern, weil Sie ein Defizit erkannt haben. Praktizieren Sie mutiges Reden und vertrauliches Schweigen. Erzählen Sie von Ihren Höhen und Tiefen. Geben Sie anderen die Möglichkeit, an Ihrem Seelenleben Anteil zu nehmen. Dazu gehört ein bisschen Mut. Berichten Sie weniger über glorreiche Siege. Das kann sehr entmutigend auf andere wirken. Durchgestandene Durststrecken und ganz normale Alltagsprobleme dagegen machen anderen Mut, mit ihren Sorgen herauszurücken.

Manchmal lebt eine Gemeinde die Verschwörung des Schweigens. Viele wissen viel über viele aus der Gemeinde, aber keiner wagt das hilfreiche Gespräch. Ihre praktizierte Offenheit wird die Tür für seelsorgerliche Begegnungen öffnen. Damit diese Tür offen bleibt, dürfen vertrauliche Worte nicht weitergetragen werden. Nicht umsonst gab Gott Ihnen zwei Ohren, aber nur einen Mund. Sprechen Sie deshalb in der Kleingruppe oder Gemeindeversammlung glasklar ab, wie Sie mit seelsorgerlichen Inhalten umgehen. Pflegen und kämpfen Sie für einen vertraulichen Schutzraum Ihrer christlichen Gemeinschaft nach außen, und Sie werden eine innere Öffnung bewirken.

Den Schlüssel zur Seelsorge legt Jesus jedem Jünger in die Hand. Das allgemeine Priestertum der Gläubigen schließt die seelsorgerliche Verantwortung ein. Sie gilt für alle (siehe 1. Petrus 2,9). Sie können keine Seele retten. Aber Sie können es einem anderen schwer machen, auf der Strecke zu bleiben. Ich mache Ihnen Mut, anderen zu zeigen, wie wertvoll sie sind; in Ihren wie in Gottes Augen. Je mehr Sie für Ihr eigenes Leben die heilsame Menschenliebe Gottes entdecken, desto mutiger werden Sie andere liebevoll begleiten können.

Zum Nachdenken:

Gibt es etwas, dass mich bisher davon abgehalten hat, mich für andere einzusetzen?

Wenn ja: Wo liegt das »Problem« (also: »die zu lösende Aufgabe«) und was könnte ein erster Schritt sein, um daran etwas zu ändern? Wenn Ihnen dazu nichts einfällt: Mit wem könnten Sie dieses Thema besprechen, wer kann hier Ihr Seelsorger sein?

Lösung von S. 46

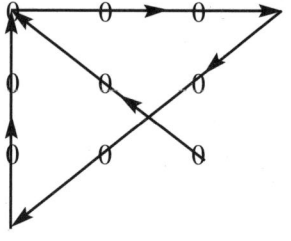

Dorothea Gersdorf

Lieben statt siegen

So steigen Sie aus Machtkämpfen aus

192 Seiten, Paperback · Best.-Nr. 226.211

Gegenüber Menschen, die Macht ausüben, empfinden Viele eine generelle Ablehnung. Aber was ist, wenn man plötzlich selbst ein solcher »Machtmensch« ist, dem es Spaß macht, andere – den Partner, die eigenen Kinder, Freunde etc. – zu manipulieren?

Immer mehr Menschen leiden unter Machtkämpfen, und besonders Kinder sind häufig Opfer familiärer Machtspiele. Dorothea Gersdorf zeigt aus eigener Betroffenheit und als erfahrene Seelsorgerin, wie der Ausstieg aus Machtkämpfen in allen Lebensbereichen gelingen kann. Dabei geht es vor allem um das Selbstbild und Selbstwertgefühl aller Beteiligten. Und damit auch um die Frage, wie Gott uns sieht und ob wir der Kraft der Versöhnung vertrauen.